LE
PARENT
SEUL

Robert G. Barnes

LE PARENT SEUL

Photo-couverture : Jeff Foott/Valan Photos

Diffusion pour l'Amérique :

Publications ORION inc.
C.P. 1280, Richmond, P.Q.
Canada, J0B 2H0
Tél. : (819) 848-2888

Diffusion pour l'Europe :

DIFFUSION-EXPRESS
77, Impasse des Pommiers
Boisset-et-Gaujac
F-30140 ANDUZE, France
Tél. : 66.61.67.66

2ᵉ réimpression, février 1994.

Publications ORION inc.
C.P. 1280, Richmond, (Québec)
Canada, J0B 2H0

ISBN 2-89124-014-6

Traduction et adaptation par Danièle Starenkyj

Les faits

Les statistiques, ça peut être de l'information froide, crue; ça peut être des chiffres qui semblent siffler entre les lèvres pâles et serrées d'un individu au masque impassible et dont le ton distant pourrait nous permettre de rester insensible... mais il arrive que leur ampleur soit telle que les faits[1] qu'elles révèlent vont obligatoirement brûler le cœur de quiconque se penche sur elles avec sérieux:

— Chaque année, en Amérique, plus d'un million d'adolescentes tombent enceintes et 4 sur 5 d'entre elles, sont seules.

— Le taux de divorce a triplé entre 1960 et 1980 et, chaque année, un autre million d'enfants se retrouvent avec un parent seul.

— En 1955, 60 p. 100 des foyers aux États-Unis, étaient composés d'un papa qui travaillait, d'une maman qui s'occupait de sa maison et deux ou plusieurs enfants d'âge scolaire. En 1980, il n'y avait plus que 11 p. 100 des foyers composés d'une telle famille et en 1985, plus que 7 p. 100.

— Parmi les enfants qui sont nés en 1983, 59 p. 100 se retrouveront avec un parent seul avant qu'ils aient atteint l'âge de 18 ans. Sur chaque 100 enfants nés aujourd'hui en Amérique, 12 naissent hors mariage; 40 naissent à des parents qui divorceront avant qu'ils aient atteint 18 ans; 5 naissent à des parents qui se sépareront; 2 naissent à des parents qui seront veufs avant qu'ils aient atteint 18 ans; 41 d'entre eux atteindront leur majorité avec deux parents.

— Alors qu'en 1980 près de 90 p. 100 des familles monoparentales étaient dirigées par une femme seule, en 1987 près de 20 p. 100 de ces familles étaient dirigées par un homme seul.

Le parent seul, en cette fin du 20ᵉ siècle, est une réalité sociologique impossible à ignorer. Je suis personnellement le résultat d'une famille monoparentale. Mon père veuf ne m'a jamais considéré comme irrécupérable, même lorsque je me suis moi-même considéré comme perdu... et tandis que je devenais insensible à son amour pour moi et que je n'y répondais plus, mon parent seul n'a jamais cessé diligemment de m'éduquer, de m'enseigner, de me montrer la voie que je devais suivre. Il a ainsi, en quelque sorte, jeté en moi les premières semences de ce livre que je dédie avec respect et tendresse à tout parent seul, qu'il soit père ou qu'il soit mère.

1. *Statistical Abstract of the United States 1985*, ed. 105, U.S. Bureau of the Census. Government Printing Office, 1984.

1

Traverser le désert

La vie est faite d'une multitude de situations qui semblent exiger à tout prix notre intervention. On voudrait bien s'avancer et s'en occuper, mais il arrive que l'on se retrouve soudain paralysé par l'étrange découverte que nous avons nous-même, à ce moment précis, besoin d'aide. Notre tentative de secourir une autre personne est alors vouée à l'échec.

« Comment puis-je aider mes enfants à comprendre pourquoi notre famille s'est désintégrée quand je n'arrive pas moi-même à saisir ce qui s'est passé? », s'écrie si souvent le parent seul qui alors semble revenir à l'adolescence, cette période de la vie où l'on est caractérisé par le désir de faire quelque chose sans pourtant savoir comment le faire.

« Je croyais que je savais qui j'étais. Mon rôle dans la vie était si bien défini... mais maintenant, on dirait que je me cherche à nouveau. » Cette phrase qui pourrait être dite par n'importe quel adolescent, est souvent prononcée par un parent seul forcé par les circonstances de sa vie à se retrouver dans l'état émotionnel d'un adolescent.

L'adolescence a plusieurs facettes. C'est d'abord un processus physique annoncé par la puberté. Le corps subit alors de nombreux changements biologiques qui feront d'un enfant un adulte. C'est aussi un processus social. L'enfant voit son monde s'élargir alors qu'il passe de l'école primaire à l'école secondaire et qu'il quitte la salle de classe au maître unique et aux copains d'enfance pour se retrouver face à de multiples professeurs et au milieu d'une foule d'inconnus. Sa vie maintenant n'est plus aussi structurée que dans son enfance et il est forcé de prendre de nombreuses décisions. Cela représente pour lui une nouvelle responsabilité et il va très souvent ne pas se sentir à la hauteur de la tâche parce qu'il manque d'expérience et ne sait pas encore comment s'y prendre pour prendre des décisions. Cette inaptitude est à l'origine d'un aspect très important de l'adolescence: son émotivité intense. Alors que l'adolescent est confronté à tant de changements, à tant de situations nouvelles, à tant de décisions et de responsabilités qui exigent qu'il prenne position, il se retrouve en proie à un tumulte émotionnel causé par l'insécurité, le doute et ses examens de conscience anxieux.

Je me rappelle une période de ma vie où je cherchais désespérément du travail. Après une série d'interviews et de refus, je commençai à me sentir ébranlé dans mon opinion de moi-même. Ces entrevues étaient pour moi des situations nouvelles et les échecs essuyés minaient de plus en plus mon assurance. Souvent il était clair que les refus n'avaient rien à faire avec moi: ou je demandais un travail qui ne me convenait pas ou il n'y avait vraiment pas de place disponible... et pourtant je traitais chaque refus comme un rejet personnel. Je m'étais lancé à l'aventure sans plan et sans même établir ce que j'en attendais. Dans mon insécurité, je vivais cette situation d'interviews et de renvois avec les émotions d'un adolescent.

C'est à peu près ainsi que le parent devenu seul commence sa nouvelle vie. Il se retrouve dans son rôle de parent seul avant même qu'il ait eu le temps de faire face aux réalités de sa solitude. En effet, être parent seul est un rôle ou une fonction qu'il faut assumer. Or un individu ne peut pas remplir avec succès son rôle de parent responsable tant qu'il n'a pas réglé, tant qu'il n'a pas accepté le fait premier et personnel qu'il est seul.

Un désert peut être une magnifique retraite au sein de la solitude et de la nature pour des voyageurs expérimentés qui voyagent dans ce but précis. Pour d'autres individus qui se retrouvent dans le désert par un concours de circonstances qu'ils n'ont pas désirées ni choisies, un désert avec ses cactus, ses lézards et ses vautours, est un lieu aride, inculte et rébarbatif. Pour ces voyageurs égarés, le climat désertique n'est pas un exemple magnifique de contrastes d'une grande amplitude, mais plutôt une terrible expérience de jours torrides suivis de nuits au froid mordant.

Beaucoup de parents seuls, comme des voyageurs égarés, entreprennent une traversée du désert. Certains finissent par y trouver une piste; ils la suivent fidèlement, et un jour ils émergent enfin dans des lieux habités. Pour d'autres, la traversée est plus perfide. Incapables de trouver et de garder une même direction, ils deviennent de perpétuels nomades.

Le sentiment le plus pénible, le plus constant qu'éprouve le parent seul est celui d'être seul. « Aussi longtemps que je m'occupe, que je fais quelque chose, n'importe quoi, ça va. Mais lorsque je me retrouve le soir dans ma chambre et que je regarde les murs, mon estomac se noue: Je me sens si seul... » Ainsi s'exprimait un parent seul qui, une fois de plus comme un adolescent, avait le sentiment de chercher à tâtons quelle était sa place dans le monde qui l'entourait; et même si des parents et des amis lui exprimaient leur amour, cela n'arrivait pas à effacer le vide planté en plein milieu de son cœur. En fait celui-ci paraissait si grand qu'il semblait n'avoir pas de fond, et avec anxiété il se demandait: « Pendant combien de nuits encore me retrouverai-je dans cette pièce à pleurer! »

Dans un tel état d'esprit, chaque défi de la vie a l'aspect d'une piqûre de serpent et le parent seul a l'impression de trébucher d'un cactus à un autre. Les obligations quotidiennes — réparer la voiture, soigner ou éduquer les enfants, etc. — deviennent des obstacles majeurs. Tout comme il est extrêmement difficile pour un voyageur égaré dans le désert de partager de grandes quantités de sa réserve d'eau, il est presque impossible pour un parent seul émotivement à plat et déshydraté affectivement, de se pencher sur ceux qui dépendent de lui pour s'occuper d'eux. Les plus petits problèmes qui nécessitent son attention, commencent à ressembler à des vipères sifflantes prêtes à le mordre.

Les changements constants et abrupts de température sont un autre problème aigu du désert. Si le parent seul pouvait compter sur une température constante ou moyenne, la tâche serait plus facile. Or les extrêmes entre le jour et la nuit, auxquels viennent s'ajouter les tempêtes de sable, sont trop lourds à supporter et le parent seul soupire souvent: « Au moment précis où je viens de vivre la plus belle journée depuis des mois, il semble que tout va s'écrouler. » Il est pour lui particulièrement pénible d'apprendre à tempérer les émotions que suscitent dans son esprit, les situations brutales de sa vie, et il croit facilement qu'il est maintenant, pour sûr, au bout du rouleau... Il ne pourra pas aller plus loin.

Mais la partie la plus pénible d'une traversée du désert, est de trouver à s'en sortir. Quand se lèvera enfin un soleil clair à l'horizon d'un paysage verdoyant? Quand y aura-t-il finalement un peu de réconfort, un soulagement quelconque? Le parent seul en a assez des mirages. Il ne veut plus de ces oasis qui si rapidement deviennent à leur tour désertiques. Non, il désire profondément un changement durable, drastique qui le mettra à l'abri de son existence desséchante. Mais pour cela, où se tourner? Quel sentier suivre?

2

La tyrannie de l'amertume

De nombreux parents peuvent raconter, sans se contredire, le choc qu'ils ont tous ressenti lorsqu'ils se sont retrouvés du jour au lendemain, seuls. Une femme m'a confié: « J'avais trois enfants à élever, mais cela n'était pas ma charge la plus lourde. La peur et la panique dominaient mes sentiments. Je voulais crier au monde entier: Au secours! mais le monde est resté indifférent. Mon problème le plus tragique était de faire face à cette réalité amère: J'étais seule, et cela était pour moi plus pénible à supporter que le fardeau accru des responsabilités jusqu'à présent portées à deux, que je devais maintenant porter seule. Je ne cessais de me répéter: Ce n'est pas possible! Jean ne peut pas m'avoir quittée pour toujours. Il m'aime. Il aime les enfants. J'en suis sûre. Le seul moyen que je possédais pour essayer de venir à bout de ma solitude, était le doute, la négation de la réalité. »

Oui le choc qu'apportent aux pères et aux mères nouvellement divorcés ou séparés, ces premiers pas dans le désert, en est souvent un d'incrédulité. « Je ne peux pas croire que cela m'arrive à moi. J'en suis sûr(e), je rêve. Bientôt je me réveillerai et je verrai que tout cela n'est qu'un affreux cauchemar. »

Au cours de son voyage au désert, le parent seul subit, entre autres choses, un deuil qui l'amène par des étapes spécifiques à vivre diverses émotions: Il y a tout d'abord la solitude, puis il y a la rancune, puis le remords et finalement le besoin de faire quelque chose et de planifier l'avenir.

Les nuits au désert sont si froides qu'elles mordent la peau même à travers les vêtements les plus chauds. L'amertume qui naît à la suite d'un abandon peut aussi mordre un cœur et le brûler douloureusement. Mais contrairement au froid des nuits désertiques vite remplacé par la chaleur du jour, chez le parent seul, la rancune persiste et elle finit par attaquer tout ce qui se trouve à sa portée. Cela arrive généralement au moment précis où dans un effort pour faire face à la réalité, l'homme et la femme abandonnés, acceptent qu'ils sont maintenant seuls et qu'ils se mettent alors à rechercher un bouc émissaire, quelqu'un qu'ils pourront invectiver et sur qui ils pourront placer toutes les fautes, tout le blâme.

La personne qu'il semble le plus logique de harceler tout d'abord est naturellement l'ex-conjoint. Le froid glacial peut pénétrer si profondément et si complètement un cœur que la personne pleine d'amertume va se mettre à déployer une énergie incroyable contre sa cible. Marthe a fait cette confession: « Je ne comprends pas pourquoi j'ai agi ainsi pendant mon divorce. Cela ne me ressemble pas, mais je voulais qu'il ait aussi mal que moi. »

Malheureusement la personne dans le cœur de laquelle la rancune s'installe, après avoir toujours commencé par concentrer son venin sur une seule cible, son ex-conjoint par exemple, va bientôt le répandre sur quiconque se trouve auprès d'elle et elle devient rapidement du papier émeri qui écorche tout particulièrement ses proches. Comme le disait un de mes amis: « La personne rancunière est le genre d'individu qui va prendre plaisir à caresser un chat à rebrousse-poil. »

Tout comme la solitude, la rancune peut s'auto-perpétuer car dès que quelqu'un cherche à tendre une main secourable à cet individu ainsi affligé, il se met immédiatement à déverser sur lui son venin sous forme de critiques mesquines, de médisances méchantes, de calomnies odieuses qu'il colporte à qui veut bien l'entendre. La personne rancunière entraîne et crée sa propre aliénation. Plus on l'aide, plus elle mord, déchire et méprise.

Marthe aux prises avec la rancune, désirait savoir comment elle pouvait aider ses enfants à surmonter l'aigreur qu'ils ressentaient envers leur père parce qu'il ne les visitait jamais. Soucieuse, elle dit: « Il ne leur téléphone même pas pour Noël. Dites-moi, comment ne pouvons-nous pas être pleins d'amertume à ce sujet!» Sa confidente comprit immédiatement que sa préoccupation n'était pas vraiment les enfants, mais plutôt le « nous » dans sa déclaration. Comment Marthe pouvait-elle aider ses enfants à surmonter leur dégoût quand elle était elle-même en proie à un tel sentiment envers son ex-mari? En fait, le problème ne se situait pas non plus au niveau de son mari et il n'était pas vraiment la clé de sa réaction. Ne dit-on pas qu'après avoir ôté l'épine qui se trouve dans un membre, il faut malgré cela encore le soigner? Le cœur de Marthe était infecté. Elle avait besoin de s'en rendre compte et d'examiner ses propres réactions, ses propres blessures, sa propre rancune. Il ne fallut pas longtemps pour que Marthe amère et aigrie, dirige bientôt l'amertume qu'elle avait envers son ex-mari, contre ses enfants, ses proches, la vie en général et finalement contre Dieu Lui-même.

Beaucoup de gens, très souvent, pensent que l'amertume qu'ils nourrissent envers Dieu est tout à fait justifiée. « Pourquoi m'as-tu fait cela, à moi? » s'écrient-ils et ils se figent dans une attitude de défi envers le Ciel qui va s'infiltrer dans tous leurs gestes, toutes leurs décisions, tous leurs agissements. Ils ne plieront pas! et ils durcissent leur position jusqu'à ce qu'ils en meurent totalement étouffés, complètement flétris. D'autres individus sont conscients de la rancune qui les ronge mais ils ne se rendent pas compte que finalement, ils en rendent Dieu responsable.

Comme des enfants égarés qui blâment leurs parents pour leurs propres erreurs, ils boudent et défient Son autorité pensant ainsi Lui faire payer cher leurs déboires.

On ne peut pas guérir de cette maladie mortelle si l'on ne reconnaît pas avec toute la lucidité que cela exige que l'on a réellement de l'amertume dans son cœur, si on ne l'avoue pas et si l'on ne cherche pas à croire que Dieu n'est pas l'auteur du mal. Cette mauvaise conception sera d'ailleurs l'obstacle même à notre guérison car c'est l'amour de Dieu qui est le seul antidote à la rancœur.

Pour que Marthe puisse véritablement surmonter ses affreux sentiments rancuniers et qu'ils ne reviennent plus, il fallait qu'elle retourne au point où ils étaient nés. Il fallait que Marthe *pardonne* à son ex-mari, non parce qu'il lui demandait pardon — ce qu'il n'avait de toute façon pas fait — mais parce qu'elle comprenait enfin qu'elle était tout comme lui coupable et tout aussi coupable que lui, et qu'elle ne pouvait pas implorer pour elle-même le pardon tout en refusant de pardonner à celui qui lui avait fait si mal. Ceci est un cheminement long et pénible. Pénible, parce qu'il n'est pas facile de se reconnaître coupable quand on cherche de toutes ses forces à se justifier... mais c'est le seul moyen de cesser d'en vouloir à quelqu'un. Long, car bien souvent alors que l'on croit avoir enfin vaincu l'amertume de son cœur à l'égard de son ex-conjoint, on y sent pousser des rejetons à l'égard de ceux qui nous ont généreusement aidé alors que l'on était dans l'angoisse et le désespoir, et, en peu de temps, ils nous infectent à nouveau tout entiers. On devient un être acerbe, un critiqueur à qui rien n'échappe et à nous entendre parler il n'y a de juste, de bon et de correct que nous.

L'amertume ne peut pas être étouffée. Elle doit être totalement déracinée. Certes, encore une fois, cela ne se fera pas du jour au lendemain. L'amertume, plus que tout autre sentiment détruit l'amour, tue l'amitié et emprisonne l'individu qui en est affligé, dans une solitude malsaine qui conduit tôt ou tard au déséquilibre nerveux. L'amertume n'est pas née en 24 heures... mais si chaque jour le parent seul cesse de chercher à se justifier, à passer pour une malheureuse victime, qu'il reconnaît que son ex-conjoint a lui aussi souffert sous sa main et qu'il apprend à dire merci pour ses amis, l'humilité adoucira son cœur et il sera progressivement libéré de la tyrannie de l'amertume.

3

Vaincre l'implacable remords

Hélas, à un certain détour du chemin, le voyageur du désert regarde autour de lui et voyant tant de ruines et tant d'échecs, il s'apitoye sur lui-même et déclare: « Voilà, c'est bien fait pour moi, je mérite ce que j'ai. » Après l'amertume et le désir de détruire les autres, vient le remords et le désir de se détruire soi-même.

Un nombre incalculable de gens, après avoir fait un nombre incalculable d'erreurs ou de catastrophes, décident un jour qu'ils méritent bien maintenant d'être punis. Or le remords est une force étonnamment puissante, un mélange d'émotions et de sentiments qui annihilent la paix intérieure.

Un parent seul me disait un jour: « J'en suis au point où je ne peux même plus me regarder en face. J'ai brisé tant de vies, j'ai gâché tant de choses qui auraient pu être bonnes que je me demande même si Dieu peut me pardonner. » Ces sentiments pourraient faire croire à une repentance mais ils ne sont qu'une nouvelle forme de fuite devant la réalité et ils ne feront que retarder la délivrance.

De nombreux médecins ont pu observer que le remords — l'implacable remords — devient souvent si intolérable que les individus qui en souffrent, en tombent malades physiquement. Ils cherchent ainsi à s'auto-punir dans le but de faire taire leur conscience au point que si leur maladie physique est traitée et guérie par un traitement médical, mais que le problème du remords n'a pas été résolu, il surgit bientôt une nouvelle maladie physique. Le remords est une racine de nombreuses maladies invalidantes qui ne peuvent être traitées avec succès que si l'on met le doigt sur leur véritable cause.

C'est dans cette optique que certains thérapeutes affirment que le remords lui-même devrait être éliminé de notre existence. Ils enseignent qu'un individu, peu importe ses actions, devrait s'efforcer de ne jamais ressentir la moindre culpabilité car le faire serait admettre qu'il existe ultimement, malgré tout, le bien et le mal. Or ces individus veulent se convaincre et convaincre le monde que le bien et le mal sont relatifs, qu'ils changent d'une personne à une autre, d'une situation à une autre et que le remords est donc malsain...

Pourtant, toute société est régie par des lois et tout le monde sait que s'il brise la loi, que ce soit celle du code de la route, du code civil ou du code pénal, il sera arrêté, accusé et condamné. On ne peut pas alors imaginer que la transgression des lois morales ne sera pas aussi suivie d'une mise en accusation dans notre conscience, du remords. On peut essayer de combattre le remords, chercher à l'étouffer, le nier de toutes ses forces, mais on peut aussi accepter sa réalité inéluctable et découvrir qu'il a un rôle à jouer en vue de notre délivrance.

Nous faisons, disons, posons et avons dans nos vies quotidiennes des gestes, des mots, des actes et des pensées qui peuvent nous amener à nous sentir perpétuellement coupables... mais on peut, plutôt que de crouler sous le remords, apprendre à avouer ses fautes et à se relever sachant que nous avons été pardonnés. Nier ou mépriser la disponibilité, la gratuité de ce pardon, c'est encourager un état de remords morbide, un esclavage inutile. Acceptons-le: ce sont nos propres péchés qui nous ont rendus coupables et le remords n'est en réalité qu'une sorte d'emprisonnement qui nous fera soupirer après la grâce.

Le parent seul demeurera bourrelé de remords tant qu'il n'aura pas réalisé que chérir ce sentiment perpétuel de culpabilité n'est en fait qu'un vain effort de se punir soi-même. Vous pouvez vous sentir coupable au sujet de votre passé, de votre mariage, de votre divorce, des traumatismes infligés aux enfants. Il est pourtant temps de remettre tout ce remords à Dieu et d'accepter tout simplement qu'Il aime pardonner et qu'Il se plaît à effacer les offenses. Ne divaguez pas au point de penser que Dieu ne peut pas vous pardonner parce que vous êtes un si grand, un si incroyable pécheur. N'allez pas jusqu'à croire que vous devez continuer à vous sentir coupable. N'entretenez pas la pensée que vous devez absolument vous punir vous-même.

Rappelez-vous les histoires si belles de Moïse, le meurtrier qui fut pardonné et qui sortit du désert où il s'était réfugié appelé par Dieu pour devenir le chef de son peuple; de David, l'adultère et le meurtrier qui chanta dans les psaumes la grandeur et la douceur du pardon de Dieu; de Pierre, l'apôtre impétueux qui renia qu'il connaissait Jésus et qui triompha de son désespoir lorsqu'il réalisa combien son Sauveur l'aimait; de la femme samaritaine qui alla au puits un jour à l'heure du midi, car elle avait peur de rencontrer les gens bien-pensants de sa ville... Pauvre femme mariée cinq fois et vivant à nouveau avec un homme auquel elle n'était pas mariée, elle fut libérée de ses atroces sentiments de culpabilité et de honte lorsqu'elle accepta le pardon et la vie respectable que Jésus lui offrait au point qu'elle n'eut plus peur de ses concitoyens mais qu'elle alla vers eux pour leur annoncer sa joie nouvellement acquise.

Ces exemples de triomphe sont là pour nous encourager à avoir confiance en Dieu qui nous aime, en son Fils mort pour nous et en Sa Parole qui affirme que si nous avouons nos torts, Dieu est fidèle et juste — Jésus n'a-t-il pas été condamné à mort à notre place?

— pour nous les pardonner et pour nous purifier de toute iniquité[1]. Allons! parent seul, vous ne pouvez pas continuer à vous mortifier après avoir lu une telle déclaration au risque d'affirmer tout haut que cela n'est que mensonge dont vous ne savez que faire...

Le remords que vous ressentez n'est pas là pour vous empêcher de vous libérer de votre passé mais tout simplement pour vous amener à reconnaître que vous avez besoin de pardon. Il n'y a rien que vous puissiez faire pour expier vos fautes. Avouez votre misère. Dites-la tout haut et ouvrez les mains pour recevoir le pardon que Dieu vous offre. Relevez donc la tête et commencez à vivre sur un pied nouveau. Dieu a en réserve pour vous quelque chose de merveilleux.

---

1.   1 Jean 1:9

4

Attention
aux mirages

Anne est une jeune femme qui a grandi dans un foyer typique de la classe moyenne américaine, qui avait de bonnes notes à l'école et qui, après une année d'université, a épousé son ami d'enfance. S'étant mariée à 19 ans, sans jamais avoir appris à prendre aucune responsabilité, elle n'avait pas eu l'occasion de mûrir émotivement, de sortir de son adolescence et de devenir une adulte.

De plus Anne, comme l'immense majorité des jeunes filles de notre société, n'avait pour tout bagage de connaissances sur le mariage, que les illusions pernicieuses et grotesques véhiculées par les romans d'amour et la télévision. Pour elle, le mariage était quelque chose de facile ne nécessitant pour le réussir ni effort ni travail, pour peu que « l'amour » y soit! Convaincue qu'une fois mariée, tout serait merveilleux, totalement ignorante des règles de base du succès d'un bon mariage, Anne se retrouvait quatre ans plus tard, aux portes du désert avec deux bébés sur les bras... Elle fut pendant quatre mois dans un état de choc refusant absolument de croire qu'elle avait été abandonnée. Ce n'est que peu à peu qu'elle accepta la réalité: Son mari ne revenait pas. Anne, avec beaucoup d'angoisse venait de faire le premier pas: Elle était seule. Pendant un certain temps, elle décida de rester dans le désert. Il lui était pour le moment préférable de rester solitaire avec toute sa souffrance, plutôt que de prendre le risque de créer de nouveaux liens.

Une fois de plus très adolescente, cette jeune maman se mit à être gênée, embarrassée. Elle avait l'impression que tout le monde la dévorait des yeux. Elle était comme une étudiante qui se retrouve avec son premier gros bouton sur le visage et qui doit pourtant aller à l'école: Elle a l'impression que tout le monde la voit, que tout le monde en parle alors qu'en réalité, chacun est trop occupé par ses propres boutons et ses propres traumatismes pour seulement se rendre compte de son problème. En retournant à l'état émotionnel de l'adolescence, Anne devint son pire ennemi car son refus de faire face aux autres et ses sentiments d'être haïssable, ne firent qu'accroître sa solitude.

Très souvent le parent seul, alors qu'il cherche à accepter sa solitude, prend des décisions qui l'amènent à être encore plus seul. Sa timidité enfantine l'amène à craindre de quitter son petit coin de désert. La seule pensée de rencontrer des gens lui donne autant de frayeur que celle d'avoir à marcher sur un serpent. Il tourne de travers les remarques les plus simples des personnes les mieux intentionnées à son égard et il se sent déchiré par elles comme par les épines acérées d'un cactus. Il est si seul qu'il est en train de mourir de soif et pourtant, il a peur de prendre le risque de goûter à de l'eau.

Un jour cependant, le parent seul surmonte tant bien que mal sa peur... Anne décida de s'occuper de sa solitude en s'aventurant dehors. Avec le sentiment que personne ne pouvait savoir ce qu'elle vivait, elle décida qu'il fallait qu'elle trouve quelqu'un à qui parler. Malheureusement, tout ce que Anne, en réalité, se mit à chercher, c'est quelqu'un sur qui elle pourrait à nouveau s'appuyer passivement.

Avant même d'avoir appris à marcher ou seulement à ramper dans le désert où elle se trouvait, elle s'était levée et avait commencé à courir. Cherchant toujours à étouffer sa solitude, Anne accepta un rendez-vous à la fin duquel elle se trouva réagir comme une adolescente. Ses fantasmes d'histoires d'amour lui revinrent à la course et son désir morbide de trouver quelqu'un qui lui permettrait d'être sans responsabilité, la précipita dans une romance pour laquelle elle n'était nullement préparée car elle n'avait pas encore appris à être seule ou à accepter le fait qu'elle était seule. En réalité, tout ce qu'elle voulait, c'était tout simplement d'éviter de sortir de son adolescence.

L'homme qu'elle se mit à fréquenter était aussi un divorcé et Anne s'aperçut au bout d'un certain temps qu'ils n'avaient rien en commun. Si elle avait fermé si fort les yeux pour ne pas le voir, c'est qu'elle était captive de ses rêvasseries amoureuses qui l'avaient amenée à attendre le prince charmant qui, un jour, apparaîtrait à l'horizon sur son cheval blanc pour l'enlever dans ses bras suffisamment grands pour prendre aussi les deux enfants, et l'emporter dans son château. Alors enfin, se disait-elle, elle n'aurait plus de problèmes. Elle serait à nouveau dépendante d'un homme plutôt que de se tenir à ses côtés afin d'être en tout son aide. Mais cela importait peu pour Anne qui ne pensait qu'à trouver quelqu'un à qui elle pourrait faire confiance, quelqu'un qui pourrait sympathiser avec sa souffrance et la conduire hors du désert, aujourd'hui même. Son idéal était de trouver une personne vers qui elle pourrait se tourner. Dans un tel état d'esprit, elle ne pouvait que faire des erreurs, que prendre de mauvaises décisions, que succomber à de cruels mirages.

Peu à peu Anne réalisa que l'homme avec qui elle sortait était perdu dans le désert depuis plus longtemps qu'elle et qu'une relation amoureuse ne ferait que maquiller sa solitude et sa douleur. Il lui fallait donc autre chose et désespérée, elle était maintenant prête à prendre des risques. Elle s'assit un soir et se mit à examiner froidement les possibilités qui s'offraient à elle: Elle pourrait rencontrer assez facilement des gens dans les bars et dans les salles de quilles, mais elle savait que ces rencontres fortuites ne l'a-mèneraient qu'à nier sa solitude et donc à ne pas pou-voir la résoudre sainement. — Il y avait aussi dans sa ville des organisations pour personnes seules, mais sa visite à l'une de leurs réunions l'avait laissée avec les mêmes sentiments. Il lui avait semblé que leurs mem-bres étaient plus soucieux de recommencer leur vie et de se trouver un partenaire que de faire face à la réalité et de devenir des parents responsables. Elle avait déjà vécu cette illusion et elle savait qu'elle ne menait à rien de bon. — Il y avait aussi dans sa ville, c'était sa troisième option, des groupes d'appui qui avait un souci particulier pour les personnes divorcées et qui avait mis sur pied un département d'enseignement spé-cialement destiné aux parents seuls. Ils se réunis-saient dans une salle dans une église. Anne n'avait jamais été dans une église auparavant si ce n'est pour Noël et pour Pâques, mais la pensée de faire face à l'avenir toute seule était tellement terrifiante qu'elle décida qu'elle prendrait le risque de vivre une expé-rience différente; elle accepterait l'aide qui s'offrait à elle.

Naturellement Anne, à sa manière typique d'ado-lescente, à l'idée de ce que serait cette nouvelle ex-périence, vit toutes ses anxiétés s'amplifier. Alors qu'elle se préparait un jour à aller à cette église avec ses enfants, elle ne cessa de se demander: « Pourquoi fais-je cela? Ces gens vont probablement me regarder comme si j'avais une maladie transmissible. Et puis, eux, ils n'ont pas de problèmes. Je suis sûre qu'ils vont être souriants et que leur vie est parfaitement en or-dre. » À cette pensée, elle faillit rester à la maison...

Pourtant à cause de sa solitude désespérée, Anne alla malgré elle à cette réunion. Passer la porte et se diriger vers la pièce que lui indiquait l'huissier fut le geste le plus dur qu'Anne avait fait jusqu'à présent. Elle se mit à nouveau à penser: ils n'auront qu'à me voir et ils vont deviner toute ma vie. Elle n'avait pas tort. À la fin de cette réunion où toutes les personnes présentes avaient étudié la Bible, donné leur témoi-gnage, pleuré et ri ensemble, elle réalisa, pour la première fois depuis des mois, en les écoutant parler, *qu'elle n'était pas seule.*

Sans dire un mot, Anne se mit à pleurer doucement car elle s'identifiait parfaitement aux récits qu'elle entendait. Ces gens étaient prêts à partager l'histoire de leur propre traversée du désert et cela, sans aucune façade. Oui, il y avait un groupe de personnes qui savait tout ce qu'elle vivait et qui pouvait sympathiser avec sa douleur, car toutes étaient ou avaient été peu de temps auparavant dans la même situation.

Anne quitta ce jour-là ce groupe avec une nouvelle espérance. Elle ne savait pas trop sur quoi elle était basée, car si les gens présents à cette réunion et membres depuis quelque temps de cette organisation, semblaient avoir une joie spéciale, ils ressentaient encore une souffrance aiguë.

Au cours des semaines qui suivirent cette première rencontre, Anne apprit de nombreuses leçons sur la solitude. Elle se fit de nouveaux amis dont la plus grande particularité semblait être leur dépendance — non pas leur dépendance envers une autre personne ou une autre relation qui les sortirait magiquement du désert — mais leur dépendance envers Dieu capable de les faire passer à travers leur désert... Leur dépendance envers Dieu s'exprimait par leur permission de Le laisser enfin prendre soin d'eux parce qu'ils avaient découvert qu'ils pouvaient avoir confiance dans Son amour inconditionnel.

Il y a près de 2000 ans les disciples de Jésus-Christ, furent aussi amenés à réaliser combien ils avaient besoin de s'abandonner totalement à Lui. Ils traversaient la mer de Galilée en bateau avec Jésus qui dormait paisiblement à la poupe. Soudain le temps se gâta et comme ils étaient des pêcheurs, ils se mirent immédiatement à faire face à l'orage comme ils savaient le faire. Mais alors que la tempête se déchaînait, que le bateau se remplissait d'eau et que leurs efforts désespérés pour le vider devenaient de plus en plus futiles, eux qui avaient mené leur barque à travers plus d'une tempête, reconnurent qu'à cette heure leur force et leur habileté ne servaient à rien. Ils n'étaient plus que les jouets impuissants de la tourmente, et leur espoir s'évanouit...

Absorbés par les efforts qu'ils faisaient pour se sauver, ils avaient oublié que Jésus était à bord. Devant la vanité de leurs tentatives, n'ayant plus devant eux que la perspective de la mort, ils se souvinrent enfin de Celui qui leur avait donné l'ordre de traverser la mer... Ils s'écrièrent: « Maître, Maître, sauvenous! » Jamais un tel cri n'est resté sans réponse. Jésus étendit la main, cette main si souvent occupée à des œuvres de miséricorde et Il dit à la mer en furie: « Silence, apaise-toi! »

On peut aujourd'hui encore tirer de précieuses leçons de cette histoire et les appliquer à la solitude. Tout d'abord, nous avons tous, naturellement, tendance à avoir spontanément confiance dans nos capacités à maîtriser les crises de notre existence. Puis, alors que cela ne réussit pas comme on le voudrait, on se met à compter sur des situations extérieures comme un travail, une nouvelle relation, une nouvelle maison, et je ne sais quoi encore. Mais lorsque la superficialité de nos efforts un jour nous terrasse, alors plusieurs se tournent vers Jésus-Christ. Dans son amour pour nous, sans s'imposer, Il nous attire vers Lui... Ce Sauveur comprend, connaît ce qu'est le désert avec ses rigueurs, ses terreurs et ses tentations puisqu'Il y a Luimême fait un séjour douloureux alors qu'Il était sur cette terre[1]. Il est dommage de vouloir faire cette traversée seuls, quand on peut la faire tenus par Sa main.

Anne commença à apprendre cette leçon. Elle comprit qu'elle ne pourrait pas sortir de son désert du jour au lendemain mais que si elle plaçait un pied devant l'autre et ne marchait que dans une seule direction, celle de Jésus, elle finirait par arriver au port tant désiré. Elle se mit à parler à Dieu comme on parle à un ami intime, à Lui ouvrir tout grand son cœur, à Lui exposer ses soucis d'argent, de sécurité, d'affaires et plus importants que tout cela, ses soucis au sujet de l'éducation de ses enfants. Cette nouvelle relation lui amena un grand soulagement. Elle avait enfin Quel-qu'un à qui parler, Quelqu'un qui la comprenait, Quel-qu'un qui la respectait, Quelqu'un sur qui elle pouvait sans crainte compter totalement.

Anne était tout doucement en train de mûrir et un jour, elle fut prête à prendre conscience de la tem-pérature changeante de son désert, à faire face à sa rancune, à ses sentiments de culpabilité, à son re-mords. Ayant évité de graves mirages, elle ne serait pas une victime du désert. Elle s'en sortirait.

---

1. Luc 4:1 à 13.

5

La sortie du désert

« Cela fait si longtemps que je me trouve dans cette ornière, cela fait si longtemps que ma vie n'est que confusion, que je m'y suis presque habitué », me disait un jour un parent seul et il ajouta: « il n'y a aucune direction à ma vie, aucune discipline dans mon foyer. Tout ce que je fais, c'est courir d'une crise à une autre. »

Les statistiques officielles américaines indiquent qu'aujourd'hui tout près de 1 foyer sur 2 dans ce pays, est dirigé par un parent seul et que ce parent seul, 8 fois sur 10, est une femme. L'ampleur du problème donne le vertige. Mais alors que ce parent seul me confiait sa misère, il n'était pas soucieux des statistiques. Il en avait tout simplement assez de vagabonder dans le désert sans savoir où il se dirigeait. Ce parent franchissait une nouvelle étape, la dernière de cette pénible traversée du désert: le désir d'en sortir. Après avoir accepté le fait qu'il était maintenant seul, après avoir surmonté sa rancune puis son remords, un jour le parent seul prend dans son cœur la décision de mettre les choses en ordre. La victoire est alors assurée, car le parent seul examine sa vie, évalue sa direction et établit enfin *ses priorités*.

L'histoire de Sylvie est à ce sujet intéressante. Alors qu'elle franchissait cette dernière étape de son pénible exil au désert, elle se rendit compte que ses responsabilités fondamentales dans la vie se résumaient à assumer deux rôles qui entraient très souvent en conflit: Être parent, être pourvoyeur. Face à ces deux responsabilités urgentes et cruciales que devait-elle être en premier lieu?

Plusieurs études gouvernementales démontrent qu'un foyer dirigé par un couple marié a un revenu annuel d'environ 23 000 dollars américains alors qu'un foyer dirigé par une femme seule ne gagne qu'un peu plus de 9 000 dollars américains[1]. Le Dr Christopher Jenks, face à de tels chiffres, a déclaré que la mère seule constitue la nouvelle classe pauvre de notre société et qu'elle a peu de chance de s'en sortir. Beaucoup de femmes sont mal équipées pour entrer sur le marché du travail et pour ajouter à leurs difficultés, leur capacité de gagner de l'argent n'est que 57 p. 100 de celle des hommes[2].

Sylvie en soupirant me confia: « Pendant un certain temps Claude nous a envoyés notre pension alimentaire, mais un jour lui et les chèques ont tout simplement disparu. » Et c'est ainsi qu'elle devint responsable du jour au lendemain à part entière de sa famille, forcée de la nourrir, l'habiller, la loger, l'éduquer, en un mot de répondre à tous ses besoins matériels et financiers. Mais il en est presque toujours ainsi, c'est inexorable. Un vieux proverbe ne dit-il pas: « Loin des yeux, loin du cœur »? Au fur et à mesure que le temps passe, le père (ou la mère) visite de moins en moins ses enfants et les chèques se font de plus en plus rares. En fait, seulement 35 p. 100 des mères qui ont droit à une pension alimentaire pour leurs enfants la reçoivent[3].

C'est ainsi que la mère, plus que jamais, est bientôt torturée par une angoisse difficile à résoudre car elle se double rapidement d'un remords lancinant: « Je sais que je devrais passer plus de temps avec mes enfants, s'écrie-t-elle, mais il faut aussi que je gagne mon pain. Comment puis-je faire les deux? » Sylvie, malheureusement comme beaucoup d'autres parents seuls, resta dans cet état confus et anxieux pendant trois ans, ayant en réalité pris la décision de ne prendre aucune décision. Elle accepta le premier travail qui se présenta à elle et se retrouva comme vendeuse dans un magasin à rayons. Son revenu ne lui permettait absolument pas de maintenir le niveau de vie dont sa famille avait joui alors qu'elle était dirigée par un homme, mari et père; mais elle essaya quand même de faire comme si rien n'avait changé. Évidemment la situation se détériora rapidement et bientôt, elle envisageait la possibilité de prendre un deuxième emploi. À ce point Sylvie désemparée, comprit que si elle voulait commencer à sortir du désert, il lui fallait à tout prix un plan, des directives.

Sylvie se mit à se fixer des objectifs. Il fallait qu'elle apprenne à prendre des décisions. Pour cela il fallait qu'elle apprenne à analyser les situations. Cela signifiait qu'il fallait qu'elle prenne le temps de réfléchir avec un crayon et du papier en main et qu'elle sache définir les pour et les contre de chaque direction qui s'offrait à elle. Puis il fallait aussi qu'elle accepte de chercher le conseil éclairé de personnes sages ou d'experts en la matière. Très souvent, on ne pense pas qu'il existe dans toute ville un nombre incroyable d'experts qui peuvent nous être d'un immense secours.

Lorsque Sylvie se mit à analyser sa situation financière, elle fut obligée de reconnaître qu'elle n'avait aucun choix: Il fallait qu'elle travaille. Maintenant il lui restait à déterminer comment elle pourrait établir comme première priorité dans sa vie, d'être un bon parent. Cela, en termes pratiques, voulait dire comment éviter d'être obligée de travailler la nuit pour arriver à joindre les deux bouts. Sylvie eut le bonheur de trouver un comptable et sa femme qui voulurent bien examiner sa situation financière. Elle aurait aussi pu s'adresser à sa banque ou se diriger vers une librairie pour y dénicher un bon livre sur la question.

En peu de temps, il apparut clairement que Sylvie vivait sans budget mensuel, sans directives et sans objectifs financiers. Il apparut aussi que Sylvie ne pouvait pas maintenir son niveau de vie d'autrefois et que chercher à le faire n'amènerait que des frustrations de plus en plus pénibles. Il fallait que cette femme devienne réaliste et comprenne bien ce qu'elle pouvait et ce qu'elle ne pouvait pas ou plus se permettre. Après un certain nombre de rencontres, Sylvie avait réussi à prendre certaines décisions financières et à établir des objectifs réalistes: Non, elle n'avait pas besoin d'un deuxième travail. Il lui fallait tout simplement un plan précis et qu'elle s'y tienne.

Je vous raconte le cas de Sylvie car une fois qu'elle eut décidé de prendre en main sa situation financière, cela eut de profondes répercussions sur sa famille. Plusieurs parents seuls cherchent aujourd'hui à se regrouper. Sylvie par le biais d'une organisation, se lia d'amitié avec une autre mère seule et au bout de plusieurs mois, elles décidèrent toutes les deux de déménager dans la même maison.

Ce nouvel arrangement pour ces deux familles ne fut pas facile. Cependant pour Sylvie, toute sa patience et toutes ses concessions pour qu'il soit un succès ont valu la peine car elles lui ont permis, grâce aux salaires combinés et aux travaux ménagers partagés, de ne pas prendre un deuxième travail et donc de pouvoir rester le soir avec ses enfants pour s'en occuper selon son désir. (Sylvie eut souvent à penser que si elle avait accordé à son mari et à son mariage ne serait-ce qu'un tiers de la bonne volonté qu'elle avait accordé à sa cohabitation avec cette autre maman seule et ses enfants, elle n'aurait probablement jamais connu les affres du désert de la solitude, de la honte et de la pauvreté...)

Avec l'aide de son comptable, Sylvie établit aussi un budget mensuel précis afin de maîtriser son habitude d'acheter impulsivement. Elle fut également obligée de prendre des décisions financières très pénibles comme celle de retirer ses enfants de l'école privée qu'ils fréquentaient, d'éliminer les leçons de musique et certaines activités sportives.

Sylvie avait cherché un plan pour sa vie et si elle accepta de s'y conformer — autrement cette démarche aurait été vaine — c'est qu'elle avait compris finalement que sa priorité dans sa vie de parent seul était, avant tout et par-dessus tout, d'être un parent et non un pourvoyeur. Sylvie conclut son histoire en affirmant: « J'ai finalement accepté que Dieu voulait que je sois avec mes enfants et non pas que je me contente de leur acheter des choses. » Pour elle, la traversée du désert était terminée. Elle était finalement un parent seul responsable, adulte, sérieux.

Par contre, les problèmes financiers ne sont pas les seuls problèmes qu'un parent seul doit régler pour sortir de son désert. Il doit aussi régulièrement évaluer ses besoins personnels afin de se conserver en bonne santé physique et mentale et pouvoir être ainsi pour ses enfants un parent épanoui et équilibré. C'est pourquoi le parent seul doit établir un plan personnel qui l'amènera à réaliser des objectifs précis dans quatre domaines importants:

1) *Sa santé*. C'est probablement la première chose qu'un parent nouvellement divorcé ou séparé se met à négliger. Pourtant sans santé, il ne peut y avoir de pensées claires ni d'estime de soi. Comme le disait un médecin: « La santé n'est pas tout, mais sans elle, tout est rien. »

Il faut donc le plus rapidement possible établir:

— *Un régime sain, équilibré et abondant*. Pour cela, il faut tout d'abord apprendre à faire du pain complet, la base de chaque repas. Il ne peut y avoir de nutrition adéquate sans une consommation abondante de pain d'excellente qualité. Le pain complet fournit au système nerveux et aux muscles l'énergie dont ils ont besoin pour fonctionner sans ratés sous le stress intense d'une vie de parent seul[4].

— *Des heures de repas précises*. Faites-en des moments privilégiés d'échanges et de communication avec vos enfants. Bientôt, vous n'aurez plus envie de sauter des repas car ils seront devenus indispensables pour resserrer les liens de votre famille et remplir son réservoir affectif.

— *Un programme d'exercice régulier.* Une simple promenade quotidienne de 30 minutes en famille, le long d'une rue tranquille bordée d'arbres où chantent des oiseaux peut faire des miracles pour vous détendre et garder votre ligne.

2) *Son activité mentale.* Le parent seul doit à tout prix éviter de ruminer son passé et pour cela il doit alimenter son esprit avec une nourriture mentale solide. Il peut se fixer un programme de lectures utiles, sur la santé, la nutrition ou l'éducation des enfants par exemple, ou décider d'obtenir de nouvelles compétences comme coudre, tricoter, taper à la machine, faire de la vente, etc. Tout cela lui permettra de former une nouvelle personnalité agréable pour son entourage et particulièrement pour ses enfants avec qui il pourra partager ou appliquer ses découvertes.

3) *Son activité sociale.* Beaucoup de parents seuls deviennent rapidement obsédés par le désir de refaire leur union et ils ne pensent qu'à sortir pour rencontrer à nouveau l'âme sœur. Cela n'est pas sage et comme bien d'autres, ils pourraient découvrir qu'ils se trompent et qu'ils sont en train d'agir exactement comme il le faut pour répéter toutes leurs erreurs tragiques du passé. Il est beaucoup mieux que le parent seul, avec ses enfants, se mette à visiter des lieux nouveaux, à fréquenter de nouvelles communautés ou organisations. L'objectif est de sortir et de faire quelque chose socialement. La chasse aux activités intéressantes, saines et enrichissantes peut être en soi une occupation agréable. Le parent seul a besoin d'entrer en contact avec son monde, avant qu'il puisse d'une façon constructive entrer en contact avec les personnes qui le croisent dans son monde.

4) *Son activité spirituelle.* Ce domaine est certainement le plus négligé de tous les domaines par le parent seul. Il y a tant de choses plus concrètes, semble-t-il, qui le pressent et qui exigent toute son attention qu'il est plutôt réfractaire à l'idée de perdre encore

du temps précieux pour prier, lire la Bible ou fréquenter une église. Pourtant s'adresser à Dieu comme à un Père tendre soucieux de notre bien-être, pouvoir découvrir Son caractère patient et miséricordieux dans Sa Parole et fréquenter des individus qui chaque semaine se réunissent parce qu'ils se sentent aimés de Dieu et qu'ils veulent en témoigner, peut devenir une expérience inestimable pour un parent seul.

Un de mes amis aime beaucoup raconter l'histoire de trois grenouilles qui se reposaient depuis un certain temps sur la souche d'un arbre. Deux grenouilles décidèrent de sauter par terre. « Combien en resta-t-il, demande-t-il avec un clin d'œil? » On lui répond toujours, « une ». Mais cela est faux. Il restait encore trois grenouilles sur la souche car les deux grenouilles n'avaient fait que « décider » de sauter. Elles n'avaient pas encore mis à exécution leur dessein...

Cher parent seul, n'est-ce pas le moment pour vous non seulement de « décider », mais aussi de sortir de la misère dans laquelle vous vous trouvez depuis des années peut-être? Considérez que c'est le moment maintenant d'établir vos priorités et de vous fixer des objectifs pour votre santé physique, mentale et spirituelle. Comprenez-le: Le vouloir et le pouvoir ne viennent que lorsque la décision de « sauter » a été prise. Faites le premier pas vers la sortie du désert et Dieu ouvrira vos yeux et vous verrez « un puits d'eau[5] » et vous vous désaltérerez et vous vivrez, vous et vos enfants.

1. *Newsweek*, January 17, 1983.
2. *Family Weekly*, April 24, 1983.
3. *Redbook*, When Divorce Divides a Family, p. 67, April 1983.
4. Voir, pour établir un régime sain et avoir de nombreuses recettes, *Le mal du sucre*, Publications Orion, Québec, 1986.
5. Genèse 21: 8 à 21, *La Bible*. Il y a là une très belle histoire d'un parent seul sauvé du désespoir par Dieu Lui-même.

6

La première priorité

Quand le parent seul décide enfin, après un vagabondage plus ou moins long dans le désert, qu'il veut en sortir, il va généralement, obligatoirement, avoir à découvrir que pendant tout le temps où il se morfondait sur sa solitude, son amertume et son remords, il y avait à ses côtés, ses chers petits eux aussi mourant de soif et de faim, eux aussi terriblement secoués par la solitude, l'amertume et le remords, incapables de chasser de leur esprit l'idée obsédante qu'ils devaient certainement être la cause de toute cette misère qui n'a cessé de les accabler depuis la perte ou le départ de l'être aimé, papa ou maman.

C'est un geste presque inévitable pour le parent seul, dans un premier temps, que celui de laisser ses enfants à l'écart pour aller pleurer loin d'eux. Et l'expérience cruelle d'Agar se répète. Mais bientôt, Dieu qui est fidèle[1] entend la voix languissante des petits et Il s'adresse un jour ou l'autre au parent seul pour lui donner un ordre précis: « Lève-toi, prends l'enfant, saisis-le de ta main, car je ferai de lui une grande nation[2]. »

La promesse est certaine: tout enfant peut devenir quelqu'un et il le deviendra si le parent impressionné par le poids de ses responsabilités, décide de *l'éduquer*. Or le parent seul — ou tout autre parent — tant qu'il n'est pas frappé par l'urgence et l'autorité de cette priorité, instruire son enfant, va chercher par tous les moyens possibles et impossibles à se fermer les yeux et à fuir à l'aide de mille excuses — je n'ai pas le temps; je suis fatigué; c'est trop dur; ça ne sert à rien — cette priorité absolue: enseigner, instruire, éduquer son enfant afin qu'il devienne un être humain digne de ce nom. Naturellement un parent conscient de ses responsabilités fondamentales vis-à-vis son enfant va vite comprendre que pour lui, l'éducation de son fils ou de sa fille doit, pour qu'elle réussisse, devenir une priorité absolue dans sa vie. Être un parent seul, c'est avant tout, être un parent véritable, oui, un modèle, un enseignant, un guide, un protecteur.

Beaucoup de parents seuls (et de parents non seuls) négligent cette tâche sacrée tout simplement parce qu'ils ne savent vraiment pas comment s'y prendre. Dans notre monde de l'instantané, du vite fait, du tout-prêt, on en est venu à ne vouloir que des solutions simples et immédiates aux problèmes de la vie. Or il n'existe aucun moyen rapide d'éduquer un enfant, surtout un enfant qui souffre de la perte d'un parent.

Permettez-moi une image. Imaginez un train composé d'une locomotive qui tire plusieurs wagons. Le train voyage toujours dans une direction et il est facile ainsi de savoir d'où il vient et où il va. On sait aussi que si un wagon déraille, il y aura un accident. Le train n'arrivera sain et sauf à destination que si tous les wagons suivent la locomotive.

Or dans l'éducation d'un enfant, la locomotive est le parent et celui-ci *doit* avoir un plan qui permettra à l'enfant de vivre une série d'expériences étalées sur de nombreuses années qui, sans faillir, l'amèneront à suivre une seule direction et à arriver ainsi à bon port. Trop souvent le parent seul cherche à éduquer son enfant en une seule fois. Il lui fait un grand discours et croit que voilà, son devoir est fait. Avec d'autres parents qui ne possèdent aucun plan et pire aucune direction précise car ils n'ont aucune notion de ce qu'ils doivent enseigner à leurs enfants, l'éducation se fait strictement en temps de crise, dans un effort héroïque d'éviter ou d'arrêter une situation malheureuse. Le parent ne fait que « régler » les problèmes lorsqu'ils surviennent. Évidemment avec cette façon d'agir, la tâche d'éducateur se fait à l'aveuglette, d'une manière incohérente et désorganisée. L'éducation véritable est un processus continu, logique, conséquent. Tout comme l'aiguille de la boussole est fidèle au nord, le parent doit être fidèle aux valeurs qu'il veut donner à son enfant. Si la piste à suivre est trop cahoteuse et change trop souvent de direction, les leçons données ne porteront aucun fruit.

Ainsi pour éduquer son enfant, le parent seul doit établir un plan d'action et déterminer quelles sont les leçons qu'il veut lui donner. Une fois le plan adopté, le véritable travail va commencer. Chaque parent seul aura alors à gravir la pente abrupte d'une montagne escarpée tout en veillant à ne jamais quitter la piste et à demeurer dans la même direction. Il existe un proverbe qui dit: « Instruis l'enfant selon la voie qu'il doit suivre, et quand il sera vieux, il ne s'en détournera pas[3]. »

Ce proverbe est fascinant car il contient un ordre et une promesse — « il ne s'en détournera pas » — mais il est aussi intriguant car le temps où cette promesse s'accomplira est donné: non pas quand il est encore enfant, non pas quand il sera adolescent, mais « quand il sera vieux », adulte, mûr.

Il y a là un réalisme intéressant. Tout d'abord le parent seul ne doit pas s'attendre à ce que son enfant apprenne les leçons nécessaires de la vie du jour au lendemain. Il est important de le savoir et de s'en souvenir, car le parent seul qui possède déjà peu de temps à consacrer à son enfant, a tendance à être irrité par le fait qu'il soit obligé de répéter si souvent les mêmes leçons. Très souvent au moment précis où le parent croit qu'il va pouvoir compter sur la collaboration de son enfant dans un domaine précis, il se met à agir comme s'il n'avait encore strictement rien appris. Une maman se plaignait ainsi: « Brigitte sait qu'elle doit aller au lit à 20 h 30 et tout d'un coup, elle recommence à me casser les pieds à ce sujet. Elle pleure et me supplie de rester debout plus tard, alors que ça faisait des mois que je pensais que j'avais réussi à éliminer une telle conduite. »

Oui, les parents qui prennent en main l'éducation de leurs enfants auront à découvrir plus d'une fois, que ceux-ci ont un besoin viscéral de leur autorité et c'est pourquoi, régulièrement, ils cherchent à se rassurer et créent alors des situations de conflit afin d'obtenir la preuve que leurs parents n'ont pas perdu leur désir ni leur capacité de les éduquer. Oui, éduquer un enfant prend des années. Parents, n'ayez pas d'illusions à ce sujet: L'éducation d'un enfant est un processus long, étalé sur toute la vie de l'enfant au foyer et pour lequel il n'existe aucune réponse toute faite.

Ce proverbe est aussi en lui-même un avertissement solennel. Le fait qu'il dise « et quand il sera vieux, il ne s'en détournera pas... » est une claire indication pour le parent que non seulement tant qu'il sera jeune, l'enfant cherchera à se détourner de l'enseignement parental mais qu'en plus, il aura aussi tendance par moment à en être irrité et à lui en vouloir.

Combien de fois le parent seul sent que son enfant cherche à lui tenir tête sur tout. Il a alors tendance à hausser les épaules et à s'exclamer: « À quoi bon! Pourquoi éduquer cet enfant à être poli, propre, ordonné, obéissant, franc, honnête, s'il ne le veut pas? » Mais laissez-moi vous dire: Ne vous attendez pas à ce qu'un enfant vienne à vous et vous dise: « Merci papa, merci maman de prendre le temps et l'énergie de structurer ma vie... » Non, malgré le besoin intense d'approbation que ressent le parent seul, il ne pourra l'assouvir qu'en très petite partie auprès de ses enfants. Les mercis seront rares mais cela ne doit pas le décourager. Le parent seul doit cesser de réagir aux plaintes et aux chantages de son enfant et il doit trouver son encouragement, son assurance dans le fait qu'en éduquant son enfant, il ne fait qu'obéir au commandement de Dieu qui lui enjoint de le former. Or Dieu ne donne aucun ordre sans offrir aussi les moyens de l'accomplir. En termes très simples, si Dieu demande au parent seul d'éduquer son enfant, c'est parce que c'est *possible* et qu'Il a l'intention de lui offrir toute l'aide qu'il veut bien accepter pour qu'il réussisse pleinement. Allons, à quoi devez-vous céder? Aux menaces et aux cris de l'enfant qui, il faut bien le comprendre, ne fait en réalité que semblant de se rebeller sous vos conseils et vos ordres, ou à l'ordre de Dieu d'éduquer?

Finalement, la promesse que comporte ce proverbe est l'encouragement que doit serrer dans son cœur le parent qui s'attache à sa mission d'éducateur. Oui, dit-il, « il ne s'en détournera pas ». Il restera fidèle à ce qu'il a appris et tôt ou tard, il s'y soumettra avec reconnaissance. Par contre le parent qui fait fi de cette solennelle responsabilité a là aussi une claire révélation de l'avenir de son enfant... Ce n'est certes pas une coïncidence que les enfants de parents divorcés courent statistiquement plus de risques qu'une fois mariés, ils divorcent aussi. Beaucoup d'enfants ne sont tout simplement pas éduqués à la fidélité aux vœux du mariage et alors que cette relation qui engage et modèle profondément la société est de plus en plus raillée et méprisée, le taux de divorce connaît une escalade étourdissante.

Parent seul, avez-vous pris la décision d'éduquer votre enfant? Cette tâche ardue est-elle devenue votre première priorité? N'hésitez pas. Ne refusez pas plus longtemps. Le faire, c'est accepter que votre enfant, tôt ou tard, sera dominé et dirigé par n'importe quel maître d'esclaves que notre monde possède.

---

1.   2 Timothée 2:13
2.   Genèse 21:8 à 21
3.   Proverbes 22:6

7

L'art d'éduquer son enfant

À la fin d'une conférence où j'avais insisté sur la nécessité d'éduquer un enfant, un parent affolé vint me trouver pour me dire: « Je sais que je dois m'occuper sérieusement de mon enfant. Ce que je ne sais pas, c'est comment m'y prendre. »

Évidemment avant de décider ce qu'il va enseigner à ses enfants, le parent seul doit posséder un modèle afin de savoir comment l'enseigner. La plupart des parents savent qu'ils doivent éduquer leurs enfants. Ils ont même assez souvent à l'esprit une notion de ce qu'ils veulent insuffler dans leurs jeunes esprits. Le problème survient non pas tant au niveau de la théorie mais de la mise en pratique.

Il n'y a pas deux enfants identiques et chaque famille est unique. Cependant il existe quand même certains principes de base qui devraient être suivis. Lorsque pour la première fois, j'assumai mon poste de directeur à Sheridan House, une maison de refuge pour garçons en difficultés, je me rendis compte assez rapidement que je n'aurais pas à faire seulement à des gens mais aussi à des animaux, car cette maison située à la campagne possédait une ferme assez importante.

Ayant été élevé en ville, cela constituait pour moi une expérience entièrement nouvelle.

Une fin de semaine, alors que le reste du personnel était en congé, je reçus un coup de téléphone d'un de nos voisins m'informant qu'une de nos vaches s'était échappée et se promenait en liberté sur la route. N'ayant personne de qualifié à envoyer pour la chercher, je grimpai dans notre camion et cherchai la vache. Je savais ce que j'avais à faire. Il fallait que j'aide la vache à monter à l'arrière du camion. Après avoir parlé à la vache et essayé de la diriger dans le véhicule, je me mis à employer des tactiques un peu plus rudes. Je la tirai par en avant et la poussai par en arrière mais en vain. À ce moment, un homme habitué à ce genre de situation vint à mon secours. Sans dire un mot à la vache, il la prit fermement d'une main par une oreille et d'une autre main par la queue et à mon étonnement, la vache monta sans mot dire la passerelle qui menait à la boîte du camion.

Je savais ce qu'il fallait faire et cet homme, de toute évidence un fermier, savait aussi ce qu'il fallait faire: cette vache devait monter dans le camion. La différence consistait en ce qu'un seul de nous savait comment accomplir cette tâche. Le fermier avait un plan. Cette anecdote peut s'appliquer aux parents et à leur désir d'éduquer leurs enfants. Il leur faut un plan. Voici celui que je vous propose. Je l'appelle le plan des 4 E:

L'EXEMPLE *ou l'art de montrer à un enfant que vous faites ce que vous dites*

Le vieux dicton « Faites ce que je dis mais ne faites pas ce que je fais » symbolise la technique que de nombreux parents seuls utilisent dans leur programme d'éducation de leurs enfants. Cette approche cependant, n'a jamais permis qu'un enfant apprenne quoi que ce soit de valable. La première étape à franchir quand on veut enseigner quelque chose à un enfant (ou à qui que ce soit) est d'être un *exemple* pour lui et de cesser d'être un sermonneur qui assomme l'enfant avec de longues tirades et des punitions par-ci, par-là.

J'ai entendu un jour une maman dire à son enfant sur un ton irrité et narquois: « Quand apprendras-tu enfin à ranger ta chambre et à faire ton lit? Quand cesseras-tu d'être un bébé et accepteras-tu de prendre tes responsabilités? » J'eus alors la curiosité de savoir si elle faisait elle-même ce qu'elle essayait d'enseigner à sa fille. La mère me répondit: « Oh! je suis un parent seul et je n'ai pas toujours le temps de mettre ma chambre en ordre. » Cela peut être vrai, en partie. Par contre si un parent demande à un enfant de grandir et d'agir « comme un adulte » en se mettant à faire certaines tâches que lui-même ne fait pas, il est en train de donner à son enfant des messages contradictoires. Ce que le parent veut enseigner devient pour l'enfant une leçon très difficile à apprendre.

Pourtant tout ce qu'un enfant aime et désire le plus est d'agir comme un adulte. Son parent est son modèle, l'exemple qu'il possède et celui à qui il peut s'identifier. Un enfant passe beaucoup de temps à observer les adultes et en particulier ses parents, afin de découvrir ce que c'est que d'être adulte. Les parents ont une très grave responsabilité chaque fois qu'ils font une tâche spécifique ou remplissent leurs devoirs car par leur attitude et leur manière d'agir, ils enseignent à leurs enfants comment ils considèrent eux, qu'ils doivent être accomplis. Je suis toujours très surpris de recevoir dans mon bureau des parents bouleversés parce qu'ils viennent de se rendre compte que leurs enfants se sont mis à fumer. Quelques secondes auparavant, ces mêmes parents avaient demandé la permission de fumer en ma présence...

Cela est irréfutable: il faut qu'un parent affiche la conduite, le sens des responsabilités et la discipline personnelle qu'il veut que son enfant possède et cela afin que celui-ci puisse les contempler à loisir. Voici un exemple banal: Si un parent veut enseigner à son enfant de trois ans à jouer à la balle, il ne fera pas que lui acheter un ballon pour lui dire, une fois l'achat fait: « Voilà, maintenant, amuse-toi. » Non, bien sûr! Au contraire, il lui dira: « Regarde comment on fait », et il s'amusera à lancer et à rattraper la balle à plusieurs reprises devant lui. *Être un exemple, un bon exemple, est la première étape d'une éducation solide et efficace.* Ce principe s'applique à tous les domaines de l'éducation d'un enfant.

Je tiens ici à toucher à un sujet très important. Beaucoup de parents seuls aimeraient bien enseigner à leurs enfants une morale sexuelle saine. À notre époque où être et demeurer chaste est redevenu une question de vie ou de mort à la suite de l'état endémique des maladies sexuelles transmissibles, il est solennel de comprendre que l'enfant ne modèlera pas sa conduite sur ce qu'il entend dire à ce sujet mais bien plutôt sur ce qu'il peut constater chez son parent: On aura beau dire les dangers du libertinage à l'école ou dans les journaux, s'il voit son propre parent seul mener une vie sexuelle débridée, il en concluera par révolte, dégoût ou désespoir, qu'il n'y a pas de raison qu'il n'en fasse pas autant.

Certes pour le parent seul, il est souvent très pénible de prendre la décision ferme de ne pas avoir de relations amoureuses en dehors du mariage. Pourtant il est important de considérer qu'un enfant imite toujours ses parents et que dans le domaine de la sexualité, l'exemple est son plus puissant maître. Si le parent croit à la nécessité de la pureté sexuelle, il doit la vivre et offrir à l'enfant un exemple irréprochable. Par contre, s'il parle de moralité sexuelle et vit une vie malsaine, il rend la leçon impossible à saisir. Le parent seul qui accepte un ou plusieurs partenaires dans son intimité et y expose ses enfants en leur faisant croire qu'ils sont des oncles ou des tantes, prend des risques terribles dont celui qu'ils subissent de la part de ces étrangers des abus sexuels, n'est pas le moindre.

Le style de vie qu'adopte un parent seul n'est pas seulement pour son avantage (ou son désavantage), mais aussi, mais surtout pour celui de ses enfants.

L'ENTRAÎNEMENT *ou l'art de faire avec un enfant ce qu'on veut lui enseigner*

Alors qu'un parent cherche à vivre une vie qui donne à son enfant l'exemple de ce qu'il doit apprendre, l'étape prochaine est d'entraîner progressivement l'enfant à mettre en pratique les leçons apprises. Lorsque ma fille a eu quatre ans, nous décidâmes ma femme et moi, qu'il était temps qu'elle commence à apprendre à ranger sa chambre. Pour nous, le meilleur moment pour accomplir cette tâche était tôt le matin. Tout d'abord, nous fîmes en sorte de nous assurer que dans ce domaine nous lui avions jusqu'à présent, donné un bon exemple. Puis ma fille et moi, nous nous mîmes ensemble au travail dans sa chambre, chaque matin. Naturellement, nous n'avons pas abandonné ma fille afin qu'elle accomplisse ce travail toute seule. Non, nous lui avons offert toute l'aide nécessaire afin qu'elle puisse le faire avec succès. En réalité, tout ce que nous avons fait est de l'*exposer* à la leçon, avec un entraîneur, moi, son père, à ses côtés: J'ai fait son lit avec son aide, j'ai rangé ses vêtements avec son aide, etc. Bref, nous avons fait le travail *ensemble*. Cette étape indispensable dans tout processus sérieux d'éducation, doit avoir lieu pour tous les domaines du développement ou de la maturité d'un enfant.

L'EXPÉRIENCE *ou l'art de laisser à l'enfant le privilège de faire tout seul ce qu'il a appris*

Après avoir pendant un temps plus ou moins long accompli diverses tâches avec un enfant, lui offrant une aide constante ou une surveillance étroite, il est temps d'avancer vers la troisième étape. Cette étape remplit d'anxiété beaucoup de parents. La perspective de laisser leurs enfants à eux-mêmes et de les encourager à faire certaines choses tout seuls, les effraie et cela pour plusieurs raisons.

Certains parents ont peur d'émanciper leurs enfants et de découvrir qu'ils peuvent faire certaines choses sans leur aide. Beaucoup de parents seuls, inconsciemment, encouragent leurs enfants à dépendre abusivement d'eux. Au sein d'une telle relation de dépendance qu'elle soit consciente ou inconsciente, le parent n'encourage jamais ou même ne permet jamais à son enfant de voler de ses propres ailes. C'est ainsi que celui-ci n'a jamais l'occasion de mettre en pratique ce qu'il aurait pu apprendre.

Par contre, certains parents seuls refusent à leurs enfants les occasions qui leur permettraient de mettre à l'épreuve leur entraînement tout simplement parce qu'ils ont peur que ceux-ci n'échouent. Ils pensent que s'ils aident leurs enfants, ils leur épargneront la désagréable expérience de l'échec. Malheureusement, l'enfant surprotégé n'aura pas non plus le bon sentiment d'avoir pu réussir quelque chose tout seul car il n'aura jamais rien fait sans l'aide de maman ou papa.

Maintenant, c'est une erreur que de croire que seul le succès peut enseigner quelque chose de bon. Au contraire, les leçons les plus durables, les plus valables nous sont généralement enseignées par nos erreurs alors qu'il y a des leçons qui ne s'apprennent que par nos échecs. Si un enfant est élevé dans un foyer où on ne lui permet jamais de râter quoi que ce soit, son adaptation au monde des adultes sera très pénible. Je préfère pour ma part que mon enfant soit exposé à l'échec et au succès alors que je me trouve là, capable de l'aider à supporter et à passer par dessus l'un et l'autre, plutôt que de le laisser s'embourber quand il sera un adulte. L'échec pour qui ne pense et ne veut que réussir, car ce n'est que dans la mesure où il réussit qu'il se sent quelqu'un, est désastreux: c'est la porte grande ouverte à la dépression puis, pour essayer de s'en sortir, à la drogue qui anesthésie et permet de conserver certaines illusions.

Pour que l'enfant acquiert de l'expérience, il faut maintenant que le parent, cessant d'être une aide, devienne un observateur. C'est la partie la plus difficile du processus d'enseignement. Comme le disait un parent: « Je pourrais faire le même travail en la moitié du temps, mais il a fallu que je décide ce qui était le plus important: la tâche à accomplir ou l'apprentissage

de ma fille. » Certes la vie d'un parent seul est suffisamment chargée ainsi, qu'il est souvent plus facile
pour lui de faire lui-même un travail que d'attendre
que l'un de ses enfants le fasse. Mais, à ce stade, le
parent seul doit sincèrement décider que le développement de son enfant est plus important que tout. En
effet, en lui offrant la possibilité d'être responsable
pour une tâche particulière et en le laissant se débrouiller tout seul, après l'avoir bien entraîné, un
parent offre à son enfant la possibilité de se former une
bonne opinion de lui-même. Or un enfant ne sera jamais
un adulte équilibré et sain d'esprit, s'il ne possède pas
au fond de lui-même, le sentiment infiniment précieux
qu'il est quelqu'un, quelqu'un de valable.

L'ENCOURAGEMENT *ou l'art de dire à l'enfant qu'il a bien appris sa leçon*

Lorsqu'un enfant a bien fait son travail ou lorsqu'il
devient un expert dans un certain domaine, il est du
devoir du parent de le lui signifier. Cela va demander
au parent un effort particulier et une certaine origi-
nalité. À cause de son horaire surchargé, le parent seul
prend rarement le temps d'encourager son enfant alors
qu'il a bien fait ce qui lui a été demandé. Il pense que
cela n'a pas d'importance ou même que c'est du temps
perdu. Pourtant, il n'y a rien de plus faux et il est vraiment regrettable que cette étape indispensable dans
l'éducation d'un enfant soit si souvent négligée.

Évidemment le parent peut avoir tendance à ne
voir que ce qui n'a pas été fait ou ce qui reste à faire
dans un travail que l'enfant a accompli ou dans ses
efforts pour acquérir une qualité particulière. Le
parent ne voyant que ce côté des choses peut se sentir
tout à fait justifié de réprimander l'enfant. Par contre,
il pourrait aussi voir ce qui a été fait et alors, spontanément, féliciter l'enfant. Il faut toujours essayer de
prendre *tout* en considération pour ne pas être injuste.

Une vieille histoire illustre bien ce que je veux
vous dire ici. Deux aveugles de naissance allèrent un
jour au cirque pour « voir » un éléphant. L'un des deux

avança sa main et saisit sa trompe. « Ah! dit-il, je sais maintenant à quoi ressemble un éléphant! Il ressemble à un tuyau d'arrosage. » « Non! non! s'exclama l'autre aveugle, alors qu'il tâtait son flanc. Non! un éléphant ressemble au mur d'une maison. » Les deux hommes « regardaient » le même animal mais parce qu'ils étaient aveugles, ils en avaient une idée totalement différente.

Ne soyez pas un parent aveugle. Regardez, examinez chaque situation sous tous les angles. Lorsque votre enfant a essayé de faire ce que vous venez de lui enseigner, encouragez-le pour ce qu'il a réussi à faire. Puis, avec tact, montrez-lui comment il peut mener à bien et terminer sa tâche.

Voici trois monologues qui peuvent vous servir d'exemples.

Le parent: « Charles, mon fils, je suis très heureux du travail que tu as fait sur notre terrain. La pelouse à l'arrière a l'air fantastique, surtout que tu as réussi à bien tailler l'herbe autour de tous ces arbres. Tiens ici, tu sembles t'être dépêché un peu et tu as oublié ce petit coin là-bas. Viens, cherchons la tondeuse et finissons cela ensemble. »

Le parent: « Nicole, ma chérie, ta chambre a l'air vraiment plus ordonnée. J'aime la façon dont tu as rangé toutes tes poupées sur la commode. Pourquoi ne ferait-on pas ton lit maintenant ensemble et puis on arrangera ton armoire. »

Le parent: « Pierre, c'est admirable, tu as commencé ces vacances en prenant en main ton budget. Je suis fier de la façon dont tu tiens compte de chaque sou dépensé. Il semble que la journée que nous avons passé en ville hier a été dure pour ton porte-monnaie. Viens, nous allons essayer ensemble de voir comment on pourra faire mieux la prochaine fois. »

Ces monologues sont riches d'enseignements. On remarque tout d'abord que ces enfants sont avant tout encouragés pour ce qu'ils ont fait de bien et qu'ainsi leurs parents les amènent à être fiers de ce qui a été accompli. Ces parents sont francs: ils soulignent ce qui est bien mais aussi, ils font comprendre à l'enfant ce qui doit être amélioré. Ainsi bien que félicités, les enfants ne sont pas amenés à croire qu'ils ont parfaitement réussi. Ceci est important, car un enfant sait très bien quand il s'applique et quand il ne s'applique pas et il désire des parents au moins aussi lucides que lui.

Un deuxième point à souligner dans ces monologues est le fait que le parent reconnaît que chacun de ces enfants avait encore besoin d'aide. Ainsi plutôt que de forcer l'enfant à achever sa tâche tout seul, le parent lui offre une aide active ce qui ne peut que l'encourager à persévérer. Le parent est revenu à la deuxième étape de son plan d'éducation, l'entraînement, au cours de laquelle, il fait la chose *avec* l'enfant. Chaque monologue se termine par un « faisons-le ensemble ».

Je tiens donc à le répéter: Cette quatrième étape est excessivement importante. Sans encouragement sincère, un enfant va se mettre à penser: « Personne ne remarque ce que je fais quand je m'y applique, alors à quoi bon? » Beaucoup d'enfants ont appris à ne rien faire tout simplement parce que chaque fois qu'ils ont fait quelque chose, on n'a remarqué que ce qui avait été mal fait: L'encouragement est une terre fertile pour un jeune cœur. Plus que toute autre chose au monde, il y fait pousser la bonne volonté et l'excellence.

Parents, vos enfants ont besoin d'encouragements constants, quotidiens. Ne laissez rien passer de bon ou de bien venant de leur part sans le remarquer. Un bon mot, un sourire, une caresse, une tape amicale sur l'épaule sont pour eux une nourriture indispensable. Ce que vous aurez semé en félicitations sincères et honnêtes, vous le récolterez au centuple en ardeur au travail et en désirs de vous plaire... Beaucoup de couples, beaucoup de foyers ne se seraient jamais perdus au désert, s'ils avaient su que la nature humaine se dessèche et se durcit sous la critique mais qu'elle fleurit et se modifie sous l'encouragement. Le saviez-vous? Encourager, c'est inspirer du courage, c'est donner de l'assurance, c'est tout simplement aimer vraiment.

8

Une philosophie
de vie

« Mes enfants ont quatorze et dix-sept ans et ils semblent ne prendre que les pires décisions. Tous les deux font à peu près n'importe quoi que leurs amis leur disent de faire. Pourtant ils ont appris à vivre autrement. Pendant la plus grande partie de leur vie, je les ai amenés à l'église. Pourquoi se sont-ils mis à suivre tant de mauvais chemins? »

Ainsi se lamentait une mère seule à la suite de la mauvaise conduite de ses fils. Beaucoup d'enfants d'aujourd'hui vivent des vies sans fondement, prenant une décision après l'autre sans jamais s'accrocher à une philosophie de base.

Donald Tucker, un psychologue américain qui a étudié pendant des années l'enfance, a remarqué qu'avant que l'on puisse dire qu'un enfant est enfin devenu un adulte, il faut qu'il ait acquis de la maturité dans huit domaines spécifiques, le plus important, le plus significatif étant celui-ci: un enfant doit avoir accepté et faite sienne une philosophie, une conception de base de la vie.

Mais qu'est-ce que cela? Une philosophie de vie est une croyance intime qui va motiver l'enfant à prendre ses décisions en fonction de celle-ci. C'est un pilier auquel il peut s'accrocher lorsque surgissent de nouvelles situations. Possédant des critères de base, il peut vérifier si les décisions qu'il va prendre s'y conforment ou non. Il peut se demander: « Si je dis oui à cela, vais-je trahir ou honorer ce que je crois? » Naturellement, plus la philosophie de vie de l'enfant sera forte, plus elle modèlera sa conduite, son comportement et sa vie elle-même.

Beaucoup d'enfants de parents seuls, mais ne vous y trompez pas, aussi beaucoup d'enfants de foyers « normaux », ne reçoivent pas dans leur éducation une philosophie de vie saine et comme personne ne peut vivre sans croyance aucune, ils développent leurs propres conceptions égoïstes et à court terme des choses. Ces enfants ont l'impression qu'on ne peut pas compter sur la vie et tout particulièrement sur les adultes... Ils ont si souvent pleuré sur des promesses brisées. Ils ont si souvent été trahis de part et d'autre. À quoi bon penser à demain quand de toute évidence, demain ne sera pas meilleur qu'aujourd'hui? Bientôt cet enfant adopte une philosophie vieille comme le monde et qui a sur sa conscience la ruine de millions d'individus: « Mangeons, buvons, car demain nous mourrons... » Oui, vivons au maximum aujourd'hui et tant pis pour demain.

D'autres enfants de parents seuls peuvent être limités dans leurs mauvaises décisions par la crainte de trahir leur famille. Leur philosophie de vie ne leur permet pas de lui faire honte. Par contre, de nombreux enfants de parents seuls ne voient pas pourquoi ils s'efforceraient eux de garder l'honneur de leur famille quand certains de ses membres les ont carrément laissés tomber après le divorce. Pour eux cette structure n'a plus de valeur à leurs yeux et ils ne craignent pas de plonger dans une vie débridée.

Cependant dans notre monde si mouvant, si changeant, il est extrêmement important que les enfants acquièrent une philosophie de vie qui aille au-delà des relations humaines, qui soit plus profondément enracinée, plus substantielle. Alors qu'un individu se met à élaborer sa philosophie de vie, il pourra y mettre au centre, comme une ancre, soit les choses, soit les gens, soit Dieu. Qu'on le veuille ou non, tout être humain sur cette terre adore à l'un de ces trois autels...

Oui, certaines personnes adorent les choses matérielles de ce monde. Faire de l'argent, devenir riche, acheter certaines choses, obtenir certaines choses, s'accrocher au peu de choses que l'on a, constitue une philosophie qui conduit un nombre incalculable d'individus à prendre des décisions qui modifient leur vie du tout au tout. Cette philosophie amène ainsi tant d'hommes et de femmes à faire du travail leur première et souvent leur unique priorité dans leur vie, qu'elle est à l'origine de misères conjugales et familiales désespérantes. L'argent est une idole qui brille et fascine mais qui est terriblement décevante. Elle est particulièrement dangereuse pour le parent seul pour qui être chef et soutien de famille représente un si lourd fardeau.

En effet, le style de vie de la famille à la suite du divorce ou de la séparation a probablement changé radicalement car rien, financièrement parlant, n'a marché comme on s'y attendait: la pension alimentaire n'est pas aussi élevée ou même totalement absente et le travail trouvé est plutôt minable. Les factures s'accumulent et le stress d'une telle situation, surimposé au stress d'une nouvelle vie où l'on n'est plus qu'un, amène le parent seul à penser: « Si seulement j'avais plus d'argent, tout irait bien. »

Bien vite, ce nouveau parent seul se met à ne prendre que des décisions qui tournent autour du fait qu'il veut acquérir la sécurité en ayant plus d'argent. Martine, une mère seule m'a dit un jour: « Je me mis à croire que je serais sauvée de mon mauvais sort si j'arrivais à faire plus d'argent. Je m'aperçus plus tard que j'avais, à ce moment-là, commencé à adorer mon chèque de paie. » Oui, pour faire face à de réelles difficultés, cette maman seule s'était fabriquée une philosophie de vie dans laquelle l'argent et les choses matérielles étaient devenus son dieu.

Je continue à vous raconter l'histoire de Martine car elle est très instructive. N'arrivant pas malgré tout à joindre les deux bouts, Martine changea de dieu. Elle se mit à adorer les gens, plus particulièrement un individu. Elle se dit alors que si seulement elle pouvait trouver un homme qui l'épouserait et l'aiderait avec ses problèmes financiers et d'éducation des enfants, alors tout serait magnifique. Avec cette nouvelle philosophie à la base de sa vie, cette femme était prête à faire n'importe quoi pour que son rêve se réalise. Malheureusement, cela l'amena, c'était inévitable, à avoir, au cours des années, plusieurs aventures avec plusieurs hommes. Malgré tous ces échecs, elle continuait à justifier son libertinage car elle se disait que cela l'aiderait à atteindre son but, qui était d'avoir un mari et la sécurité qu'il lui apporterait.

Voilà, c'est cette femme Martine qui, au début de ce chapitre, se demandait pourquoi ses fils étaient si faibles moralement... Sans s'en rendre compte, elle avait été l'exemple de ses enfants et maintenant elle n'en aimait pas la reproduction.

Dieu voudrait que nous adoptions et enseignions à nos enfants une philosophie qui ne monte en épingle ni les choses, ni les gens. Un jour Jésus-Christ fut piégé par des scribes qui lui demandèrent à toute fin pratique quelle était la chose la plus importante de la vie[1]. Jésus leur répondit en citant l'Ancien Testament: « Écoute(...)! L'Éternel, notre Dieu est le seul Éternel. Tu aimeras l'Éternel, ton Dieu, de tout ton cœur, de toute ton âme et de toute ta force[2]. »

Certes la philosophie de la vie qui permettra à nos enfants de prendre de bonnes décisions dans tous les domaines, est cette philosophie qui place au cœur même de toutes ses préoccupations, l'amour pour Dieu et en fait la priorité suprême. C'est pourquoi, depuis des millénaires, Dieu demande à chaque parent marié ou seul: « Et ces commandements que je te donne aujourd'hui, seront dans ton cœur. Tu les inculqueras à tes enfants et tu en parleras quand tu seras dans ta maison, quand tu iras en voyage, quand tu te coucheras et quand tu te lèveras[3]. » Parents, vous avez une responsabilité de toute première importance, c'est une priorité absolue: Vous devez enseigner à vos enfants sans délai, sans relâche à aimer Dieu et à obéir à Ses commandements. Vous n'aurez plus alors à rougir, à pleurer, à agoniser sur leurs mauvaises décisions. Comment y parvenir?

Si un parent veut que son enfant fasse de Dieu la priorité de sa vie, il faut obligatoirement qu'Il soit aussi et avant tout sa priorité personnelle. Martine me disait qu'elle avait amené ses enfants à l'église. Mais il faut être franc, éduquer un enfant à aimer Dieu est beaucoup plus que de l'amener de temps en temps ou même chaque semaine à l'église. Dans ce domaine, l'exemple infiniment plus que les mots, est le grand maître d'un enfant. Martine vivait une vie licencieuse. Sa philosophie était claire: Dieu, pour elle, n'existait pas puisqu'elle s'accrochait désespérément aux hommes et à l'argent...

Si Martine avait vraiment voulu faire de ses enfants des chrétiens, elle aurait dû en être une elle-même, passant chaque jour du temps en prière et dans l'étude de la Bible, encourageant ses enfants à faire de même. Ils auraient alors vu qu'elle était sincère et que pour elle, connaître et servir Dieu était vraiment ce qu'il y avait de plus important. Oui, les enfants sont de très fins observateurs... Ils lisent au cœur! Le fils aîné de Martine disait: « Ma mère nous amenait à l'église et là, elle ressemblait à tous les autres chrétiens qui s'y trouvaient; mais quand on rentrait à la maison, là, les choses revenaient vite au naturel. » Cela me rappelle l'histoire d'un père qui amena son fils faire un tour en voiture afin de pouvoir lui parler d'homme à homme de l'importance d'être honnête et obéissant. Au milieu de sa conversation sur l'honnêteté, le père brancha un machin sur le volant. À ce moment précis, son fils lui demanda ce qu'il était en train de faire. Et le père de raconter: « J'eus l'impression qu'une flèche me perçait le cœur car la seule réponse honnête que je pouvais lui donner était que j'étais en train d'installer un appareil qui me permettait d'être malhonnête et de briser les lois sur la limitation de la vitesse en m'indiquant la présence d'un radar avant que je sois arrêté. » De retour à la maison, le père profondément bouleversé jeta le machin. Il venait de réaliser que s'il voulait faire de son fils un homme honnête, il fallait absolument qu'il soit lui-même parfaitement honnête.

Les enfants devraient être exposés aussitôt que possible à un enseignement chrétien. Personnellement, je n'ai pas eu ce privilège avant d'avoir 21 ans, mais mes enfants ne pourront probablement pas se souvenir d'une seule journée où je ne leur ai pas raconté de belles histoires de la Bible. Il est très grave de laisser grandir les enfants sans leur faire connaître Dieu.

À cette fin, il n'y a rien de meilleur que la renaissance de cette pratique ancestrale qui a tenu des générations entières dans le bon sens, la moralité et le bonheur familial: le culte du matin et du soir, ces quelques moments sacrés mis à part par le père de famille, ou la mère s'il n'est pas là, où toute la maisonnée se réunit pour lire un passage dans la Bible, chanter des cantiques et prier Dieu avant que chacun vaque à ses occupations puis alors que tous reviennent du travail...

Chez nous, notre culte familial se déroule à 6 h 30 du matin et nous aimons chanter de toutes nos forces avant de nous agenouiller pour prier les uns pour les autres — l'un est peut-être malade, l'autre angoissé — afin que notre journée se déroule dans la paix et la sécurité et pour que nous ayons le bonheur de nous trouver tous réunis le soir.

Chaque famille peut conduire son culte à sa manière. Je connais certaines familles où les enfants apprennent à lire dans les pages sacrées de la Bible et dès que l'un d'eux sait lire couramment, il reçoit le privilège d'en lire à son tour certains passages. Dans d'autres familles, les enfants tout petits apprennent à chanter des cantiques et souvent, au bout d'un certain temps, ils savent chanter à plusieurs voix, et que c'est beau d'entendre une famille qui chante! Dans d'autres familles encore, les enfants très jeunes apprennent en tout temps à se tourner vers Dieu, dans la prière, pour qu'Il réponde et comble tous leurs besoins. Ces enfants sont particuliers: ils ont une confiance immuable en Dieu et ils sont ainsi sans crainte face à la vie. Ils savent qu'ils ne sont jamais seuls et que Celui qui veille sur eux est le Créateur et le Rédempteur du monde... Comment alors avoir peur? Je connais aussi certaines familles, et nous en sommes une, où l'on garde un journal des requêtes spéciales faites à Dieu au cours du culte matinal. Chaque membre de la famille présente ses désirs, ses soucis, ses besoins particuliers. Ils sont alors inscrits dans un cahier mis à part pour cet usage et la date de la requête est soigneusement marquée. Puis, chaque matin et chaque soir, la famille fait part à Dieu de ces requêtes qui peuvent être personnelles mais aussi inclure les membres plus éloignés de la famille, les voisins, les compagnons de travail ou de l'école. Le bonheur le plus pur survient lorsque dans ce même cahier, le membre de la famille concerné peut écrire: Prière exaucée et en marquer la date. La famille se réjouit alors grandement et son amour pour Dieu, pour ses membres et pour les autres grandit, se fortifie, s'approfondit. Il me semble qu'il y a un vieux dicton qui s'énonce ainsi: « Une famille qui prie ensemble, reste ensemble. » Qu'en pensez-vous?

Entraîner un enfant, après lui avoir donné l'exemple d'une vie chrétienne, signifie aussi lui donner le privilège de fréquenter une église, de participer à ses activités mais cela signifie surtout de prendre le temps et d'avoir à cœur de lui présenter les valeurs chrétiennes chaque fois qu'un problème surgit. Par exemple, un enfant revient de l'école très afligé parce qu'un de ses copains s'est moqué ouvertement et publiquement de lui. Il vous demande ce qu'il doit faire maintenant. Cher parent, votre réponse révèlera votre philosophie de vie. Combien il est pénible d'entendre tant de parents aujourd'hui dire à leurs enfants: « Comment, tu t'es laissé faire? Pourquoi ne lui as-tu pas cassé la figure? Espèce de faible... » Puis ces mêmes parents vont se plaindre que notre société est une société de violence... Pourquoi, à ce moment précis, ne pas prendre l'enfant dans ses bras, lui caresser les cheveux et lui dire tendrement: « Ne t'inquiète pas, chéri, maman (ou papa) t'aime. Ce pauvre enfant a dû avoir une mauvaise journée. Il a été jaloux de toi. C'était sa manière à lui d'attirer ton attention et de tester ton amitié. Demain tu lui demanderas ce qui ne va pas et tu lui amèneras un peu du pain que j'ai fait aujourd'hui. » Oui, être chrétien, c'est très spécial. Alors que notre société apprend chaque jour mieux, par le biais des journaux, de la radio et de la télévision à haïr ses ennemis et à ne flatter que ceux qui se plient à ses caprices, Jésus enseigne encore: « Mais moi, je vous dis: Aimez vos ennemis, bénissez ceux qui vous maudissent, faites du bien à ceux qui vous haïssent et priez pour ceux qui vous maltraitent et vous persécutent, afin que vous soyez fils de votre Père qui est dans les cieux, car Il fait lever son soleil sur les méchants et sur les bons et Il fait pleuvoir sur les justes et les injustes[4]... » Cher parent seul, quelle philosophie voulez-vous insuffler à vos enfants? L'avenir de notre société est entre vos mains.

L'étape de l'expérience est très importante mais aussi très effrayante à passer lorsque l'on a décidé de donner à ses enfants une philosophie de vie. Oui, nos enfants ne sont pas et ne doivent jamais devenir des automates ou être passivement nos copies conformes. Il faut, si notre éducation est saine, qu'ils arrivent à choisir eux-mêmes, parce qu'ils ont vu et senti qu'elle était bonne, cette philosophie que nous leur avons présentée. Un enfant doit en venir, aussi tôt que possible, à établir sa propre relation avec Dieu afin que lorsqu'il quittera le nid, son choix soit déjà fait.

Cela me fait penser à l'expérience qu'un parent seul a eue avec sa fille Claire de seize ans. L'enfant jusqu'à présent avait été docile et semblait avoir adopté une philosophie de vie dont le cœur était l'obéissance à la volonté de Dieu. Cette enfant, après de nombreuses années d'enseignement avait appris à se poser une simple question: « Que ferait Jésus à ma place? » La réponse pour elle était toujours précise et sans hésitation. Mais maintenant que Claire grandissait et qu'elle subissait un peu plus fortement la pression de ses copains, elle n'avait plus envie de se poser cette question, et très souvent, elle n'en acceptait plus la réponse. Un soir Claire dit à sa mère: « Oh! je n'ai pas envie d'aller à la répétition de la chorale. Je n'en ai manqué qu'une. Puis-je rester à la maison, ce soir? » Sa mère, désirant la soumettre à une expérience personnelle, lui répondit: « Claire, si tu penses que tu as une bonne raison que Dieu peut accepter, eh! bien, reste à la maison. » Étonnée, Claire dit à sa mère: « Mais tu ne veux pas savoir pourquoi je veux rester ici, ce soir? » « Non, lui répondit ce parent seul, non, ce soir, cette décision se fera entre toi et Dieu. »

Ce parent était très sage. Il fallait maintenant que sa fille comprenne qu'elle était responsable de sa vie devant Dieu, avant toute chose. Claire exprima ainsi sa réaction à la réponse de sa mère: « Je me sentis terriblement responsable. Pour la première fois, j'ai réalisé que je ne faisais pas certaines choses juste pour plaire à ma mère... »

Évidemment avant qu'un enfant acquiert toute l'expérience nécessaire afin d'être un adulte digne de confiance et droit, il faudra souvent osciller dans son éducation entre la phase d'entraînement et la phase d'expérience. Ce fut le cas de Claire. Après cette première expérience, elle ne se mit pas à prendre des décisions toujours justes et bien orientées. Par exemple, lorsqu'elle commença à fréquenter des garçons, il sembla, du jour au lendemain, qu'elle avait oublié sa philosophie de vie. Heureusement, sa mère était là pour la rattraper et lui ôter certains privilèges jusqu'à ce qu'elle soit suffisamment mûre. Son expérience à ce moment-là, la conduisait à l'échec. Il fallait de toute urgence, la ramener à la phase d'entraînement.

Oui, cette étape dans l'éducation d'un enfant est, pour le parent seul, souvent pénible, tissée d'anxiétés et, il faut l'avouer, d'échecs. Il est très difficile d'assumer son rôle de parent et de chef lorsqu'un conjoint bienveillant n'est pas là pour nous soutenir. Mais alors qu'il faut donner progressivement à l'enfant plus de liberté pour qu'il puisse s'approprier et faire sienne la philosophie de vie de sa famille, il faut aussi accepter qu'il doit avoir l'occasion de grandir et donc de faillir...

C'est à ce moment-là que la quatrième phase d'une éducation équilibrée devient indispensable: l'encouragement.

Il est plutôt rare dans notre société séculière qu'un enfant reçoive de ses copains une opinion favorable au sujet de sa foi ou des décisions qui découlent de sa foi. C'est encore là un domaine que le parent seul doit savoir combler. En effet, l'enfant éduqué avec une philosophie de vie se sentira souvent seul. N'est-ce pas là un sentiment auquel un parent seul peut pleinement compatir? Il faut donc communiquer avec l'enfant à ce sujet et lui faire comprendre que vous le comprenez.

Souvent les activités, qu'en tant que parent responsable vous avez planifiées pour votre enfant, seront en conflit avec celles de ses copains. Chaque fois que l'enfant, souvent après une lutte intense, décidera de tenir pour la famille et sa philosophie, il doit être encouragé par vous. Comment? Voici deux exemples:

« Roland, je sais que tu as eu de la difficulté à choisir d'aller à ta pratique de chorale, ce soir. Je suis fier que tu aies fait passer tes responsabilités avant ton plaisir. Tu grandis, mon fils! »

« Ce n'est pas possible, Albert, mais j'ai eu de la peine à retenir mes larmes hier, lorsqu'en passant devant ta chambre, je t'ai vu à genoux en train de prier. Tu ne peux pas savoir combien cela m'encourage de savoir que tu pries pour notre famille. Merci. »

Certes vos enfants, pas plus que les miens ni ceux des autres, ne sont ni ne seront des saints. Le parent qui parlait dans l'un des exemples mentionnés plus haut, aurait pu tout aussi bien dire: « Ouf! il est temps que tu commences à lire ta Bible. Ça fait des semaines que tu ne l'as pas touchée... » Mais il préféra voir les choses sous leur meilleur angle et donc encourager la bonne conduite de son fils à ce moment précis. De plus, tous les enfants, quelle que soit leur situation familiale, prendront un jour ou l'autre de mauvaises décisions. Par contre, en leur donnant une philosophie de vie, vous les aiderez à prendre de meilleures décisions, des décisions de plus en plus conséquentes. Rappelez-vous la promesse: « ...et quand il sera vieux, il ne s'en détournera pas ».

Voici pour clore ce chapitre, un exemple qui illustre bien les résultats d'un plan d'éducation à long terme.

Une femme que je connais personnellement, avait la ferme conviction qu'en tant que mère, sa priorité absolue dans la vie était d'enseigner à ses quatre enfants l'amour et le service de Dieu. Elle décida donc qu'avant que ses enfants soient grands et qu'ils aient quitté le foyer, ils auraient été entraînés à avoir une ferme confiance en Dieu et que cela constituerait la base de leur philosophie de vie. Cette maman se mit à vivre une vie de foi et ses enfants purent chaque jour, contempler en elle l'exemple vivant de ce qu'elle désirait pour eux. Très tôt, elle encouragea dans son foyer le culte familial du matin et malgré une opposition parfois très forte de la part de ses enfants qui maintenant grandissaient, elle ne céda jamais à leurs tentatives de la dissuader de cette activité essentielle pour une vie chrétienne. Aucun de ses enfants ne lui dit jamais: « Merci, maman, cette histoire que tu nous as lue ce matin, était formidable. »

Alors que les enfants devenaient des adolescents, elle dût leur laisser la liberté de prendre plusieurs décisions. Ses trois garçons n'étaient pas des anges et très souvent leurs décisions étaient vraiment mauvaises. Cette maman prenait alors le temps de leur montrer leurs erreurs et quand il le fallait, elle prenait aussi le temps de les punir, alors que lorsqu'ils faisaient un bon choix, elle les encourageait et les félicitait.

Si je vous raconte tout cela, c'est pour une raison bien précise: Cette maman n'a pas donné une éducation spirituelle à ses enfants parce qu'ils la lui demandaient ou parce qu'ils en étaient reconnaissants, ni même, bien souvent, parce qu'elle portait des fruits, mais très simplement parce qu'en le faisant, elle obéissait à Dieu qui a demandé que les parents éduquent leurs enfants.

De nombreuses années plus tard, cette famille s'est réunie pour Noël et l'un des fils, s'adressant à sa mère, lui dit sur un ton détaché: « Tu sais, maman, maintenant que j'ai mes propres enfants, la chose que j'apprécie le plus dans la façon dont tu nous as élevés, c'est qu'on pouvait être sûrs, où que l'on soit, quoi qu'il en soit, que l'on aurait notre culte familial. »

Cette noble maman put à peine retenir ses larmes... C'était *la première fois* qu'elle venait de recevoir un mot d'appréciation d'un de ses enfants pour tout ce temps qu'elle leur avait réservé tout au long de leur enfance et de leur adolescence. Oh! quelle tragédie, si elle avait cédé à leurs sarcasmes, leurs bouderies, leurs révoltes, leur dédain qui n'étaient en réalité, que des moyens enfantins de tester sa conviction et d'acquérir la certitude que c'était vraiment sérieux.

Aujourd'hui la fille de cette femme, Rosemarie, est ma femme — quelle bénédiction — et chacun de ses trois garçons sert Dieu en servant l'humanité, chacun dans sa sphère. Oui, il y avait eu des temps difficiles, mais parce que ce parent si souvent seul à cause des absences prolongées du père, avait compris l'importance d'être conséquent avec ses principes et dans ses actions, chacun de ses quatre enfants ne s'était finalement pas détourné de la voie qui lui avait été patiemment indiquée.

Dans ce monde qui, chaque jour, va de plus en plus loin dans le rejet de Dieu, un enfant a besoin d'une ancre ferme qui l'empêchera de dériver trop loin. Cette ancre ne peut être que la croyance intime que pour Dieu, son Père, il est unique au monde, que Ses lois sont bonnes et que Son amour pour lui est si grand qu'Il ne l'abandonnera jamais. Oui, Dieu est toujours prêt, dès que quiconque lève les yeux vers Lui, soupire après Lui ou crie à l'aide, à lui ouvrir Ses bras et à tout lui pardonner. Allons! comment ne pas offrir une espérance à nos enfants, alors que de tous côtés la jeunesse tombe fauchée sur le champ de bataille de la vie en proie aux affres d'une maladie hideuse dont les symptômes — l'usage de la drogue, la violence et la promiscuité sexuelle — ne sont que les visages multiples du désespoir...

Chers parents, n'hésitez plus, n'attendez pas plus longtemps, vos enfants pour désirer vivre, ont besoin d'un sens à leur vie, de quelque chose à quoi ils puissent s'accrocher. Ils ont besoin que vous leur montriez comment vivre...

1. Marc 12: 28-30
2. Deutéronome 6: 4-5
3. Deutéronome 6: 6-7
4. Matthieu 5: 44-45

9

Des enfants bien dans leur peau

« Mon adolescent semble parfois vouloir à nouveau avoir du plaisir avec nous. Mais juste au moment où il se laisse aller, quelque chose l'arrête. C'est comme s'il se regardait dans un miroir imaginaire, se voyait heureux et s'arrêtait instantanément parce qu'il ne se sentait pas digne de jouir du bonheur au sein de sa famille. »

Cette déclaration d'un parent seul résume la raison pour laquelle de nombreux enfants s'éloignent de leur famille et de plus, elle touche au domaine le plus difficile et le plus pénible dans la vie d'un parent seul: Comment insuffler à son enfant l'estime de soi-même?

Un garçon me dit un jour: « C'est à cause de moi que mes parents ont divorcé. » Je lui demandai: « Quel âge avais-tu quand cela est arrivé? » « Je n'en sais trop rien, me répondit-il, mais je devais avoir un an et demi. » Je rétorquai: « Mais qu'est-ce qui t'a amené à penser à cela? »

La réponse de cet enfant m'a bouleversé, mais au cours de mes nombreuses années de travail auprès de garçons de parents seuls, je me suis rendu compte que ce raisonnement était courant. Il me dit: « Je ne sais vraiment pas pourquoi je pense cela. Personne ne m'a jamais dit pourquoi mon père et ma mère se sont séparés. Mais au fil des années, j'en suis venu à croire que c'était de ma faute. »

Pour beaucoup cette réponse peut sembler vraiment irréaliste, mais pour ce garçon qui avait une très piètre estime de lui-même, cela semblait tout à fait logique. En effet ses parents, bien que ne vivant pas ensemble, semblaient tous les deux bien dans leur peau et il se mit à imaginer qu'ils étaient heureux avant qu'il ne vienne au monde. Très conscient de ses propres défauts et faiblesses et opprimé par un manque presque total d'estime propre, cet enfant s'était alors convaincu peu à peu qu'il avait certainement fait quelque chose d'assez grave pour briser le mariage de ses parents...

Il est très facile pour un enfant qui souffre ainsi d'un tel manque d'estime de soi-même d'en arriver à croire qu'il est d'une manière ou d'une autre, la cause de tous les malheurs de la famille. De toute façon, l'enfant n'entend-il pas à l'occasion ou même sur une base continuelle ses parents se quereller à son sujet? Comment peut-il savoir que ces disputes au sujet de son éducation ou de la façon de le discipliner ne sont en fait que les manifestations extérieures de problèmes beaucoup plus profonds entre ses parents? Tout ce qu'il sait c'est qu'il a été témoin qu'ils se sont disputés à son sujet, à cause de lui, et alors que les conflits conjugaux se perpétuent et que le divorce survient, il est impossible pour l'enfant de ne pas en conclure qu'il est au moins une des causes du divorce...

Qu'est-ce que l'estime de soi-même? Les psychologues nous disent que c'est l'attitude qu'une personne a face à ses propres conceptions, ses buts dans la vie, ses capacités et sa valeur personnelle. C'est un sentiment favorable indispensable qui naît de la bonne opinion que l'on a de soi et c'est pour cela qu'il a un tel impact sur la personnalité toute entière. Selon qu'un individu aura telle ou telle opinion de lui-même, cela affectera toutes ses relations humaines. Le sentiment d'être quelqu'un ou de n'être qu'un pauvre type détermine subtilement la façon dont un individu se comporte au sein de sa famille, dans ses relations de travail et avec ses amis. Il détermine même le choix de ses amis, de son conjoint et de son style de vie.

Un enfant d'un foyer monoparental peut ne pas se sentir directement responsable ou même impliqué dans le divorce de ses parents, et malgré tout, il peut se soustraire à l'influence de sa famille parce qu'il a une piètre opinion de lui-même. L'estime de soi-même est une opinion qui s'acquiert fondamentalement et avant tout dans la cellule familiale. Une famille qui a connu une dislocation majeure, peut avoir interrompu chez l'enfant le développement de l'estime de soi-même.

Dans la petite enfance

C'est dès la naissance que l'on se met à bâtir l'estime de soi-même chez un enfant et cela, dans la mesure où ses besoins sont comblés.

Il y a tout d'abord *les besoins physiques*. L'enfant doit être nourri, vêtu et lavé et cela plusieurs fois par jour, chaque jour. De nombreuses familles sont tellement bouleversées que même ces besoins les plus fondamentaux ne sont pas adéquatement remplis: L'enfant a faim ou il est suralimenté; il est mal habillé et ne se sent pas libre dans ses mouvements, il a froid ou il a trop chaud; il est mouillé et souilllé et on ne le change pas assez fréquemment. Un enfant bien nourri — il est mis au sein dès qu'il a faim — chaudement vêtu et toujours propre commence tout, tout petit à se sentir respecté et donc respectable.

Mais cela ne suffit pas. Il faut aussi combler *ses besoins affectifs* et cela se fera dans la mesure où l'enfant sera bercé, porté, caressé, embrassé et consolé chaque fois qu'il aura été bouleversé. Un enfant doit pouvoir, dès sa naissance, se sentir aimé, désiré, voulu de ses parents. S'il sent qu'il les ennuie et s'il subit de leur part des mauvais traitements chaque fois qu'il les dérange dans leurs activités, il aura inévitablement de profondes plaies qui ne se refermeront que très lentement. On ne mesure que rarement l'immensité du

besoin qu'a l'enfant d'être aimé et désiré et on ne soup-
çonne pas assez combien un message différent peut
ruiner sa vie entière. Par contre lorsqu'une mère prend
le temps de s'occuper émotivement de son bébé, elle
lui donne le sentiment infiniment précieux qu'il est
spécial et cela l'amènera à désirer plus rapidement et
plus intensément explorer son monde pour obtenir
ainsi une stimulation sensorielle indispensable au développement de l'estime de soi-même.

Oui, un enfant doit pouvoir explorer son monde
par ses sens: Il doit toucher, sentir, goûter, regarder
et écouter. Plus un enfant aura une bonne opinion de
lui-même, moins il aura peur de son monde et moins
l'échec — il tombe alors qu'il se met à marcher, on ne
le comprend pas alors qu'il se met à parler — le frus-
trera.

Le parent seul d'un petit enfant peut lui donner
une bonne opinion de soi-même en écoutant sincèrement ce qu'il essaie de dire. *Il lui montre ainsi du respect.* Il est fréquent que les misères conjugales
débutent alors que l'enfant est encore tout petit, et les
parents avec toutes leurs disputes et leurs bagarres,
n'ont que peu de temps à consacrer à l'enfant qui commence tout juste à balbutier. Le parent seul doit ra-
cheter le temps perdu en redevenant attentif à son
enfant et en lui montrant de l'intérêt. Il ne doit pas
oublier que pour un enfant, ses parents représentent
la sécurité. Il faut maintenant qu'il est seul, qu'il as-
sume à tout prix cette responsabilité. L'enfant a besoin
de lui non seulement pour le nourrir, le loger et le vêtir
mais aussi pour *l'admirer.*

Un enfant se développe par plateaux et par pics.
Chaque fois qu'il a passé une étape, il cherche chez
ses parents et particulièrement chez sa mère, l'approbation. Quel bonheur si maman sourit et pousse de
grands cris chaque fois qu'il fait un pas et marche un
peu plus loin, qu'il utilise le pot sans défaillance ou
mange gentiment ses légumes. En fait, en agissant
ainsi le parent devient l'admirateur No. 1 de son enfant. Il est très grave pour l'enfant de perdre, au cours
d'un divorce, l'attention heureuse de ses parents.

Bien sûr, on comprend très bien qu'un adulte qui vit une situation aussi traumatisante, l'échec de son amour devenu souvent haine féroce, soit préoccupé par elle au point qu'il ne se soucie plus guère de l'enfant qui lui, ne comprend absolument rien à une situation aussi déprimante pour lui: plus de sourires, plus de bises, plus de oh! et de ah! alors qu'il continue à développer et à acquérir de nouvelles compétences. Il est très pénible pour un enfant de perdre ses admirateurs au cours d'une telle crise familiale.

Pourtant, il est excessivement important que les parents reconnaissent qu'ils ne sont pas les seuls à vivre un divorce. L'enfant aussi essaie de comprendre pourquoi il est doublement abandonné: physiquement par le parent qui quitte le foyer et émotionnellement par le parent qui en conserve la charge. Ce dernier devrait aussi rapidement que possible se dérider — le bien-être de l'enfant est en jeu — et se mettre à nouveau à l'admirer. Si papa peut à nouveau pousser des hourras! lorsque Jacques réussit à conduire son tricycle, alors Jacques pourra se dire: « Oh! papa pense que je suis spécial. Eh! bien, c'est sûr, je dois l'être. »

Une autre source indispensable d'estime de soi-même, très, très négligée par le parent seul, est une discipline ferme. On oublie que l'enfant apprend aussi à maîtriser son environnement en apprenant à obéir à des règles précises. En effet, lorsque l'on présente à un enfant des règles simples et que l'on prend le temps de les lui expliquer, il acquerra très vite un sentiment de sécurité infini, indispensable à la formation d'une bonne opinion de lui-même car il saura quand il fait bien et quand il fait mal. Dans sa lutte pour la sécurité et la stabilité, il n'y a rien qui puisse plus et mieux les lui donner que l'énoncé de règles très claires et l'établissement d'une structure solide pour l'enjoindre à obéir.

Malheureusement le foyer monoparental ressemble souvent à un bateau dont on est en train d'écoper l'eau. Le plus fort de la tempête semble passé, mais le bateau ne vogue pas encore en eau calme et le manque de règles constitue pour l'enfant un immense facteur d'insécurité. Si le parent seul veut communiquer à son enfant le sentiment que l'orage est terminé, il doit aussi rapidement que possible prendre le temps de faire, de donner et de maintenir un règlement qui englobera toutes les activités de la famille. Plus les règles seront claires et plus le parent seul les fera respecter en ne permettant pas la désobéissance, plus l'enfant aura confiance en son gouvernement et sera fier d'appartenir à sa famille. Or, immédiatement, l'enfant fier de son parent, sera aussi fier de lui-même.

Parents, lorsque vos enfants sont agités, irritables et insolents, voyez-y un signe de leur détresse et comprenez leurs appels au secours: Ils veulent que vous les preniez en main. Ils en ont désespérément besoin. Assumez votre rôle de parent. Soyez ferme et découvrez combien vos enfants vont rapidement s'épanouir.

Les années scolaires élémentaires

Alors que l'enfant se met à aller à l'école, il découvre soudain qu'il doit maintenant s'habituer à communiquer avec de nouvelles personnes sur une base régulière et bientôt sa personnalité ne sera plus définie par les membres de sa famille seulement, mais aussi par des personnes de l'extérieur: camarades de classe, camarades de jeu, professeurs.

Tous ces gens vont, par différents messages, lui donner leur opinion de lui. Comme des miroirs, ils vont lui renvoyer une image de lui-même qui pourra soit être encourageante, soit — trop souvent, hélas! — beaucoup trop cruelle. Oui, ces nouveaux miroirs qu'il va rencontrer à l'école élémentaire vont très fréquemment lui donner une image déformante et peu flatteuse de sa personne car ils seront eux-mêmes à la recherche désespérée de leur identité.

L'enfant commence ainsi pour le meilleur ou pour le pire à vivre en société et rapidement il réalise qu'il n'est pas le seul enfant de six ans qui veut manger le premier, s'asseoir près du professeur, etc. Alors que ce processus continue, le parent seul a absolument besoin, plus que jamais, d'être et de rester l'admirateur de son enfant. C'est son admiration à lui pour lui, plus que le mépris de tous ses professeurs et de tous ses camarades, qui formera sa personnalité en lui offrant la possibilité de se former une bonne opinion de lui-même. Par contre, si le parent reste distant, froid et même insensible, leur admiration à eux tous n'effacera pas son affreux sentiment de ne pas avoir de valeur, alors que leur mépris, même occasionnel, provoquera un ravage que le temps effacera difficilement.

Le sentiment de ne pas être accepté provoquera aussi chez l'enfant un désintérêt pour la lecture, le calcul, l'écriture. Pour l'enfant qui ne se sent pas en sécurité affectivement, la vie ne vaut pas la peine d'être vécue. Il se dit rapidement: À quoi bon apprendre tout cela, si de toute façon je ne vaux pas la peine d'être aimé?

Le parent seul doit donc veiller à ce que son enfant soit respecté à l'école et il doit l'encourager à lui confier ses chagrins, ses déboires. Bien souvent le parent seul ne pourra pas faire autre chose que de lui dire: « Ne t'inquiète pas, mon chéri, moi je t'aime, et pour moi tu es l'enfant le plus merveilleux au monde », mais cette affirmation sera tout ce dont son cœur aura besoin pour persévérer et ne pas perdre cet ingrédient si vital à son équilibre, sa bonne volonté pour apprendre et son désir de grandir pour être un adulte responsable: l'estime de soi-même.

Donner du temps à son enfant pour le regarder faire de la bicyclette, se balancer, sauter, courir, pour l'écouter lire, chanter, compter ou raconter une histoire, lui donner du temps en acceptant qu'il ramène chez lui ses amis est aussi un facteur important dans la construction de l'estime qu'il se porte. Plus un enfant accumulera de preuves qu'il a, aux yeux de son parent, de la valeur, plus il sera équilibré et capable un jour de redonner à sa famille tout ce qu'il en a reçu.

À l'adolescence

Quelle tourmente que ces années où l'enfant en proie à la puberté et aux pressions de l'école secondaire, s'affirme de plus en plus en tant qu'individu. Que doit faire le parent seul alors que son enfant ne cesse de lui donner des messages contradictoires? D'une part, l'adolescent semble désirer et avoir besoin d'une famille forte et bien structurée et d'autre part, il ne cesse de chercher à s'en éloigner... Très confus, un parent seul me disait un jour: « Je ne sais plus si je perds mon temps ou quoi. Je planifie un pique-nique et mon adolescent, à la dernière minute, décide de ne pas venir. Je sais très bien qu'il n'a rien d'autre à faire, mais c'est comme si le simple fait de mentionner que l'on va faire quelque chose en famille, le dégoûtait. »

Oui, l'adolescent a vraiment le don d'énerver ses parents par des attitudes qui cachent en réalité tout simplement, le besoin d'acquérir la certitude qu'il est encore aimé, encore nécessaire. L'adolescent sous ses dehors irritants, dit en fait: « Je voudrais bien venir, mais je ne sais pas si j'ai encore ma place avec vous. » Dans le fond, ce qu'il veut qu'on lui dise, c'est: « Allons, ce n'est pas parce que tu as 14, 16 ou 18 ans que tu ne fais plus partie de notre famille; et lorsque l'on sort, pas d'histoire, on a besoin de toi. » L'adolescent a tendance à aller là où il se sent désiré et s'il évite d'être avec sa famille, c'est tout simplement parce qu'il a des doutes à ce sujet. Il ne sait vraiment pas si on veut *vraiment* de lui.

Beaucoup de ses révoltes, de ses remises en question, de ses refus de se plier aux règles, de ses désobéissances ouvertes, sont en réalité de pathétiques appels au secours. L'adolescent crie: « M'aimez-vous encore? Avez-vous encore suffisamment d'intérêt pour moi pour prendre le temps de me mettre au pas? Avez-vous encore besoin de moi? » Alors qu'il est sur le point de devenir un adulte, un individu indépendant de sa famille et même de ses camarades, l'adolescent a encore besoin de l'encouragement de ses parents et comme au cours de sa petite enfance, ils doivent tout faire pour qu'il se sente libre de s'épanouir, tout en restant à leurs yeux, tout à fait spécial. En effet, l'adolescent, alors qu'il cherche à établir son identité dans une jungle impitoyable, va se mettre à livrer de plus en plus de batailles; et il doit savoir — pour cela il aura

fallu le lui dire et le lui redire — qu'il peut revenir à
la maison pour que ses blessures y soient pansées et
guéries. Le parent sage veillera à ne pas faillir à cette
tâche. Il recevra rarement un merci ou un mot d'appréciation pour toutes les heures passées à parler ou à
discuter avec son grand enfant, mais le parent seul doit
persévérer à demeurer son admirateur, non parce qu'il
lui en est reconnaissant, mais tout simplement parce
qu'il en a *besoin*.

Les enfants de tous les âges (et les adultes aussi)
doivent sentir qu'ils sont aimés pour ce qu'ils sont et
non pas pour ce qu'ils ont accompli. Un enfant ne
pourra jamais se sentir en sécurité et développer une
saine opinion de lui-même s'il ne reçoit pas de ses
parents un amour *inconditionnel*, un amour qui l'accepte tel qu'il est, sans condition. Les parents imagi-
nent rarement à quel point les enfants cherchent à
tester leur amour pour savoir quelle en est la qualité.

Il aurait fallu que je compte combien de parents
seuls m'ont demandé pourquoi leur enfant avait tout
d'un coup recommencé à faire pipi au lit à 7 ou 8 ans;
pourquoi leur enfant de 5 ans voulait à nouveau un
biberon ou se remettait à sucer son pouce, pourquoi il
avait tout d'un coup peur du noir... Le divorce jette
l'enfant dans une insécurité profonde et il se met alors
à désirer ardemment la sécurité d'un âge antérieur où
tous ces troubles n'existaient pas. Naturellement
comme l'enfant est incapable de demander en paroles
une chose semblable, il va le faire à travers une conduite qui exhibera les caractéristiques de sa petite enfance. Il va faire marche arrière.

Beaucoup trop d'adolescents de foyers monoparentaux sont projetés eux aussi, dans des rôles pénibles et lourds à porter car des parents seuls,
incapables de supporter leur chagrin, se tournent vers
eux et les forcent à jouer aux adultes en exigeant leur
camaraderie ou même qu'ils dirigent la maison et prennent les décisions. Dans une telle situation, l'adolescent perd sa liberté de grandir et de se développer à
son rythme personnel. Il ne manquera pas, tôt ou tard,

de se révolter et de retourner à un comportement enfantin.

Grandir peut être un processus effrayant pour un
enfant. Il est obligé d'abandonner certaines choses à
chaque pas, mais s'il peut savoir — encore une fois
parce que son parent le lui a dit et redit — qu'il a le
droit de retourner en arrière chaque fois qu'il se sent
inquiet ou insécure, il acquerra une confiance qui lui
permettra d'avancer à son propre rythme. Il ne faut pas
précipiter un enfant dans les pénibles réalités de la vie
adulte. Il faut qu'il puisse se sentir libre de rester enfant aussi longtemps qu'il le désirera.

L'estime de soi-même est un sentiment qui ne peut
naître, grandir et être alimenté qu'au sein du foyer
alors que le parent seul se met à chérir son enfant pour
ce qu'il est — son enfant — et non pour ce qu'il possède
ou ce qu'il a accompli ou ce qu'il lui donne. Il faut, le
plus tôt possible, qu'un enfant comprenne que sa
valeur aux yeux de ses parents, n'est pas basée sur sa
beauté, sa force, ses succès, ses talents ou sa bonne
conduite. Alors il se sentira en sécurité. Il n'aura pas
peur de l'échec ni même de décevoir ses parents car
il saura qu'il pourra toujours revenir vers eux pour rechercher auprès d'eux l'admiration et l'acceptation
dont il a absolument besoin. Plus un enfant sentira qu'il
peut faillir sans que ses parents ne lui en veulent ou
qu'ils se sentent déshonorés, plus il aura le courage
d'aller de l'avant et de prendre de nouvelles responsabilités.

Qu'il le croit ou non, l'individu le plus important
dans la vie de l'enfant d'un parent seul, est ce parent
seul lui-même. Il détient le pouvoir presque absolu de
faire de lui un homme ou une femme équilibré et sain
d'esprit.

10

Qu'est-ce que communiquer?

Un parent se plaignait: « Mon enfant et moi, nous ne communiquons pas ensemble. Nous marmonnons plutôt. »

Un autre demandait: « Mon enfant n'a que trois ans, mais quand est-ce qu'on commence à communiquer d'une manière profonde? »

Ces deux déclarations révèlent un manque de compréhension de base de ce que communiquer est vraiment. Une conversation constructive et intéressante entre deux personnes, n'est en réalité qu'une forme, parmi de nombreuses autres, de communication. Parler est, certes, très important. C'est un outil indispensable dans un plan sérieux d'éducation et beaucoup de parents l'emploie abondamment. Ils pensent cependant que c'est la seule forme adéquate ou enrichissante de communication, et ils en viennent à s'inquiéter et à se demander: « Tout ça c'est très beau, mais qu'est-ce que je dois faire pour que mon enfant se mette à me parler *à moi*? »

Oui, il est courant de croire qu'il existe un âge particulier où commence la communication et à ce moment-là, l'enfant doit pouvoir s'asseoir et se mettre à parler. Pourtant la communication entre un parent et son enfant est rarement verbale et elle commence à *la naissance*. Dès son premier cri, l'enfant « parle », il communique, il dit ses besoins: Il a froid, il a faim, il est souillé, il a mal, il a besoin d'affection. Comment parle-t-il? Il pleurt jusqu'à ce qu'il soit soulagé. Comment son parent parle-t-il? Il peut prendre l'enfant dans ses bras, le nourrir, le laver, le réchauffer, mais tout en répondant à ses besoins matériels, il peut aussi le chatouiller, lui sourire, l'embrasser et lui gazouiller de gentils mots. Il lui aura alors dit qu'il l'aime, qu'il a du prix à ses yeux, qu'il est heureux de l'avoir. Il peut aussi lui donner son biberon, lui changer sa couche et le mettre dans une autre position mécaniquement, silencieusement, le regard et les pensées ailleurs. Il lui dira ainsi, malheureusement, qu'il n'est qu'un objet de plus dans une longue liste de choses à faire... Le parent seul d'un bébé se trouve généralement dans un état émotionnel très pénible, et sans même le vouloir, il peut être en train de dire à ce petit être innocent qu'il ne peut tout simplement pas compter sur la seule source de sécurité qu'il possède maintenant.

En plus de ne pas savoir communiquer leur amour par des gestes, des regards et des actes appropriés, beaucoup de parents seuls ne savent pas non plus l'exprimer par des paroles et un ton de voix adéquats. En réalité, ce manque de savoir faire est probablement un facteur important qui a causé le divorce. Maintenant le parent seul, conscient de son erreur, va chercher à parler, mais il ne sait pas comment s'y prendre. Frustré, il se met à crier ou à faire de longs discours, et l'enfant qui a déjà subi plus que sa part de cris et de discussions au temps où ses parents vivaient ensemble, pour éviter de nouvelles disputes, va apprendre très vite à dire comme son parent et à garder pour lui-même ses opinions personnelles. La communication est alors coupée.

Le manque de savoir-faire n'est pas le seul ennemi d'une communication ouverte. Beaucoup trop de parents seuls sont, ou ont l'air, trop occupés pour partager leurs sentiments avec leurs enfants. Tout ce bavardage leur semble être superficiel et constituer une perte de temps quand il y a tant d'autres choses pressantes à faire, comme la vaisselle par exemple. Bien vite l'enfant apprend que chez lui, une communication se fait à sens unique: sa mère ou son père lui fait de rapides recommandations et alors que l'un ou l'autre domine constamment la conversation, il ne cherche même plus à exprimer ses sentiments et il prend l'habitude d'attendre tout simplement que le sermon soit terminé.

Qu'y a-t-il de plus destructif pour une communication spontanée et animée au sein du foyer que la télévision? Beaucoup de parents ne cessent de dire aux autres, mais surtout à eux-mêmes, qu'ils ne peuvent pas parler avec leurs enfants parce qu'ils n'ont pas le *temps* de le faire. Là encore, cet argument est probablement une cause importante de divorce. Un homme et une femme ne peuvent pas rester ensemble et continuer à s'aimer s'ils ont cessé de se parler quotidiennement en s'ouvrant leur cœur l'un à l'autre. Et pourtant, ces gens qui proclament le plus fort « qu'ils n'ont pas le temps », trouvent le moyen de passer plusieurs heures, chaque jour, devant l'écran... La télévision est un autel cruel, sans pitié pour les victimes qui y adorent.

Beaucoup d'enfants aussi ne savent pas communiquer, ils ne savent même pas répondre intelligemment aux questions les plus simples qu'on pourrait leur poser, tout simplement car, depuis leur naissance, la télévision leur a appris à écouter *sans jamais répondre*. Le message est clair: pas un mot, chutt... garde tes opinions pour toi-même. Bercée par l'illusion que l'enfant reçoit beaucoup d'informations — on ne s'arrête pas à en mesurer la qualité — notre société veut oublier que le cerveau humain ne se développe que lorsqu'il y a *échange*. De nombreuses études ont démontré que l'enfant qui peut passer 30 minutes par jour sur les genoux de sa mère à bavarder avec elle, à l'écouter raconter une histoire qu'il peut interrompre pour poser toutes les questions qu'il veut, à chanter, à rire, se développera mentalement et affectivement infiniment plus rapidement que l'enfant placé toute une journée dans un milieu qui stimule ses sens sans lui donner de nourriture affective et la possibilité de s'exprimer dans un climat de confiance et de gaieté.

Une autre cause au manque de communication dans le foyer monoparental est très souvent la réaction du parent seul face à son chagrin, maintenant qu'il est seul. Certes le divorce l'a peut-être soulagé d'une situation pénible mais il ne reste pas moins un vide difficile à combler pour le parent et l'enfant. Il y a aussi le fait que la famille a maintenant des problèmes financiers. Il semble alors logique ou même obligatoire pour le parent seul de se jeter corps et âme dans le travail afin de subvenir aux besoins de la maison. Mais en faisant cela, il évite de faire face à sa souffrance et sans le savoir, il en prolonge péniblement les effets.

Par ailleurs, l'enfant se met à rêver à des moyens qui ramèneront ses parents ensemble. Il oublie toutes les difficultés du mariage et il se met à imaginer qu'il va être le réparateur de cette union, un héros acclamé par ses parents enfin réunis. Le parent seul se met à jouer à cache-cache pour éviter d'exprimer son chagrin et pour ne pas avoir à faire perdre ses illusions à son enfant.

Pourtant, bientôt, l'enfant qui ne peut pas s'exprimer verbalement va devoir, *parce qu'un être humain ne peut pas vivre sans s'exprimer*, le faire autrement. Un bébé communique en pleurant. On le comprend. On l'accepte. Malheureusement beaucoup d'enfants dans notre société ne dépassent jamais ce stade: tout ce qu'ils savent faire pour exprimer leur frustration, leur douleur, leur peur ou leurs autres sentiments, c'est crier.

Cela est grave, car ce n'est que lorsqu'un enfant a appris à mettre en mots ses émotions et qu'il se sent libre de les exprimer devant un parent attentif, qu'il peut apprendre à les maîtriser. Sinon il faudra que tout comme avec un petit bébé qui se met à pleurer en pleine nuit, le parent seul apprenne à déchiffrer les « signaux » que lui donne son enfant. Il faudra qu'il fasse beaucoup de travail de devinette pour éventuellement tomber sur le véritable problème.

Ce travail peut être très frustrant pour le parent seul qui, chaque fois qu'il prend le temps de demander à son enfant qui exhibe de la mauvaise humeur ou une conduite destructive, ce qui ne va pas, va recevoir pour toute réponse: « Rien... » L'enfant incapable d'exprimer sa peine en mots, va l'exprimer en actes toujours mauvais et de plus en plus mauvais. En effet les premiers signaux que l'enfant envoie ne seront généralement pas compris par le parent qui, la plupart du temps, ne s'y arrêtera pas car il aura décidé que la meilleure façon de s'en occuper est de faire comme si de rien n'était. Bientôt ces premiers signaux totalement ignorés prendront des proportions de plus en plus graves et une crise éclatera. À ce moment-là, le parent va essayer de parler avec son enfant mais l'expérience du passé l'a amené à croire que tout cela ne sert à rien. De plus, il ne sait vraiment pas quoi dire ni comment le dire. La crise devient chronique, les signaux tragiques: l'enfant ne rentre pas à la maison; il refuse de travailler à l'école; il s'habille n'importe comment; il prend de la drogue; il affiche son immoralité... Tout ça parce que ça fait trop longtemps qu'il n'arrive pas à dire combien il est malheureux, combien il souffre, combien peu il se sent aimé...

Parent seul, apprendre à communiquer au sein de la famille, à dire ce qui préoccupe, à demander l'affection et l'attention dont on a besoin est indispensable, obligatoire, urgent. Comment vous y prendrez-vous?

Un enfant va apprendre à communiquer exactement comme il apprend tout ce qu'il apprend: en observant et en imitant son parent. Il faut donc que le parent seul soit prêt à consacrer un temps précieux à la communication. Une fois que ce temps sera mis de côté comme quelque chose d'intouchable, il faudra que le parent apprenne à écouter d'une manière active et à prier comme François d'Assise: « Seigneur, fais-moi la grâce de plus désirer comprendre que d'être compris. »

Oui, pour écouter et comprendre ce qu'un enfant essaie de dire, il faut apprendre à mettre de côté ses propres intérêts, ses propres idées. Il faut que le parent qui sent que son enfant a quelque chose sur le cœur cesse de lire son journal ou d'écouter son programme de télévision. Il faut aussi que le parent utilise non seulement ses oreilles alors que l'enfant parle mais aussi ses yeux pour le regarder bien en face et ses mains pour le rassurer par un geste affectueux. Il faut qu'il cesse de faire deux choses à la fois: écouter et écrire une liste d'épicerie, par exemple. Il faut qu'écouter ne soit pas une simple concession à l'enfant en attendant impatiemment que ça soit notre tour de parler.

Hélas! n'est-ce pas ce que nous avons fait tout au long de notre vie? N'est-ce pas là aussi une cause importante de notre mésentente conjugale? Au lieu de se concentrer véritablement sur ce que notre interlocuteur nous dit, nous nous concentrons sur ce que nous allons sous peu lui répondre. Cela n'est pas écouter, c'est tout simplement se taire. Lorsqu'un parent « écoute » de cette manière, il force son enfant à abandonner la communication verbale pour se réfugier dans une communication par signaux. À ce moment, le parent et l'enfant deviennent tellement frustrés et exaspérés qu'ils se mettent à osciller entre le silence morne et les hurlements stridents. Quelle tragédie!

Le parent doit donc donner l'exemple d'un adulte mûr capable et désireux de prendre le temps qu'il faut pour parler. Il faut alors que dès que l'enfant se met à ouvrir la bouche, il devienne un auditeur actif, — il hoche la tête, sourit, soupire, fronce les sourcils, plisse le front, fait des oh! et des ah!, dit des « je te comprends » ou des « mon pauvre chéri », tout en demeurant par ailleurs silencieux —, et qu'il donne ainsi à son enfant la joie de se savoir écouté et de voir que son opinion est importante. Tôt ou tard, l'enfant aura appris à communiquer et il agira ainsi à son tour auprès des autres.

L'être humain peut communiquer à des niveaux différents. Il y a tout d'abord le cliché qui permet une communication superficielle et sans engagement: C'est le « il fait beau aujourd'hui » de l'épicière qui s'adresse à ses clientes, par exemple. Un enfant peut arriver dans la cuisine le matin et le dialogue suivant s'engage:

> *Le parent*: — Bonjour.
> *L'enfant*: — Bonjour.
> *Le parent*: — Tu as bien dormi?
> *L'enfant*: — Oui.

Rien d'important ne se dit dans ce genre de communication. C'est tout simplement une façon de remarquer la présence d'un individu. Ces clichés se perpétuent souvent de jour en jour, d'année en année:

> *Le parent*: — Comment ça a marché à l'école aujourd'hui?
> *L'enfant*: — Bien.

Et c'est tout, ça s'arrête là.

La communication se fait à un niveau différent lorsque le parent seul et l'enfant parlent ensemble des autres.

> *Le parent*: — J'ai vu Clément avec une nouvelle bicyclette hier.
> *L'enfant*: — Il vient juste de la recevoir pour son anniversaire.

Ceci est encore une forme de communication très distante car son sujet n'est pas quelque chose de personnel. Elle ne rapporte que des faits. En réalité, c'est une très pauvre forme de communication dans laquelle de nombreuses familles tombent. Ne trouvant rien à dire ou n'osant rien dire sur leurs préoccupations personnelles, elles meublent le silence en parlant des autres. Tout y passe, les voisins, les amis, les compagnons de travail, la mode, la politique, la religion. Hélas! une famille qui ne sait plus que parler des autres peut conserver pendant un temps l'illusion qu'elle est encore saine et que tout va bien, mais tôt ou tard, elle doit faire face à l'horrible réalité: Il n'y a plus rien qui la tient ensemble... Cela fait si longtemps que personne n'a dit à personne quelque chose qui le

préoccupait vraiment, lui, intimement, personnellement... Le sentiment dégoûté de ne pas être aimé et
celui révolté de vouloir tout lâcher, se greffent toujours
sur ce genre de communication factice.

Une meilleure forme de communication prend
place quand les interlocuteurs commencent à exprimer
des idées et à faire des jugements. Là enfin, ils osent
faire un pas en vue de révéler leurs sentiments. Voici
un exemple:

> *Le parent*: — Une mère devrait pouvoir res-
> ter à la maison pour s'occuper de ses enfants et
> non travailler à deux endroits différents.

> *L'enfant*: — Peut-être que je devrais trouver
> un emploi après l'école pour aider à payer les fac-
> tures.

Les sentiments font à peine surface dans cette
conversation, mais il est assez facile de les voir entre
les lignes. Beaucoup de « bons » foyers communiquent
à ce niveau.

Mais il y a encore mieux et cela arrive quand le
parent et l'enfant se mettent à se confier leurs émotions. Voici comment:

> *Le parent*: — Tu sais, mon fils, cela me dé-
> prime d'entrer dans cette vieille voiture et d'avoir
> à la conduire en ville.

> *L'enfant*: — Je ne te l'ai jamais dit, mais je
> suis gêné quand tu me reconduis à l'école.

C'est beaucoup, beaucoup mieux, mais comme
forme de communication ce n'est pas encore parfait
car les émotions, les sentiments exprimés évoluent autour d'un objet, d'une situation et non pas autour de la
relation du parent et de l'enfant.

Et nous arrivons enfin à la forme la plus satisfai-
sante de communication au cours de laquelle le parent
et l'enfant se sentent totalement libres de se dire l'un
à l'autre ce qu'ils pensent sans avoir peur d'être mal
jugés, méprisés ou punis. Pour qu'un enfant arrive à
exprimer une opinion intime ou une souffrance, il faut

que le parent soit prêt à initier ce genre de communication, comme ceci par exemple:

Le parent: — L'autre jour lorsque tu m'as dit que tu t'es tellement plu dans la nouvelle maison de ton père, il faut que je t'avoue que cela m'a vraiment peinée. Ce n'est pas que je ne veux pas que tu t'amuses quand tu es chez lui, mais ça fait quand même mal.

L'enfant de 13 ans: — Je regrette de t'avoir peinée, Maman, mais je tiens à te dire comment je me sens. Voudrais-tu que je devienne plus délicat et que je cesse de te parler de mes fins de semaine avec Papa? Je ne veux pas te faire de peine.

Le parent: — Non. Il faut que tu me dises ces choses. C'est à moi de veiller aux sentiments que je ressens chaque fois que tu vas visiter ton père. Je t'aime tant et probablement que je me sens par moment inquiète au sujet de ton amour pour moi, bien que tu ne m'ais donné aucune raison de me sentir ainsi.

Voilà, ce genre de communication *crée des liens*, des liens profonds, véritables. Elle prouve que le parent et l'enfant sont arrivés à avoir confiance l'un dans l'autre au point qu'ils n'ont plus peur de se livrer leurs sentiments, car ils savent que l'information donnée ne sera pas mal utilisée ou manipulée par l'autre.

Dans notre monde moderne, de nombreuses personnes ont un agenda où elles marquent soigneusement leurs rendez-vous chez le dentiste, le coiffeur, le garagiste et beaucoup d'autres choses « très importantes ». Mais avec tout cela, elles oublient complètement de mettre de côté du temps pour leur conjoint et pour leurs enfants. Or un enfant a besoin d'occasions où il pourra apprendre à communiquer à ce niveau profond et ainsi assumer le plus rapidement possible une place utile et intelligente dans sa famille et dans la société.

Il faut donc que le parent seul dont la vie est plus que remplie, se fasse une obligation de mettre à part un temps spécial et intouchable pour son enfant. Si cela ne se fait pas, très rapidement l'enfant finira par avoir « les restes » d'une journée ou d'une semaine, ces moments où franchement, le parent est le plus épuisé et de toute façon trop fatigué pour pouvoir véritablement communiquer avec son enfant.

Le parent seul peut inviter son enfant au restaurant par exemple, ou l'amener faire certains achats. Quitter le décor habituel « sur rendez-vous », peut favoriser énormément la communication entre un parent et son enfant. Il faut veiller à ne pas faire, dans ces moments-là, des activités qui couperont la communication: Ce n'est pas le moment d'aller au cinéma ou dans un parc d'amusements. Non, il faut que le parent et l'enfant puissent être véritablement ensemble et un restaurant tranquille peut être un endroit idéal. Une promenade est aussi très utile. Le paysage fournit une légère distraction qui permet de mettre à l'aise l'enfant qui cherche à communiquer et alors qu'il sautille, ramasse une fleur ou pointe un oiseau, son parent prêt à l'écouter peut se mettre à lui poser des questions qui l'amèneront à exprimer ses sentiments, comme: « Comment t'es-tu senti lorsque Marc a cassé ton avion? » ou « Qu'éprouvais-tu lorsque toi et Paulette vous vous disputiez? »

Je vous en prie, comprenez-le: Un enfant a besoin d'être éduqué à exprimer des sentiments plutôt que de se contenter de rapporter des faits et si vous êtes en train de vous dire que vous ne pouvez absolument pas vous permettre de « perdre » ainsi du temps, pensez à Suzanna Wesley, la mère de John et Charles Wesley, ces grands réformateurs religieux anglais du 18e siècle qui ont, entre autres, composé de nombreux cantiques encore chantés aujourd'hui. Oui, Suzanna Wesley, en plus de John et de Charles, avait treize autres enfants, mais malgré le manque de commodités et tout le travail qu'élever, nourrir, habiller et éduquer quinze enfants pouvait représenter à cette époque, elle passait une heure par semaine avec chacun de ses enfants, soit un total de 15 heures, chaque semaine. Suzanna Wesley, demeurée célèbre jusqu'à ce jour à cause de cet exploit et de quelques autres, n'a pas fait cela parce qu'elle avait le temps de le faire ou parce que c'était facile pour elle. Non, tout ce temps consacré à communiquer en tête à tête seule avec chacun de ses quinze enfants, a exigé de sa part de très grands sacrifices, mais ces sacrifices personnels furent à ses yeux insignifiants, car la perte spirituelle d'un de ses enfants aurait été pour elle infiniment plus douloureuse. Tout est toujours une question de perspective...

Autrefois, avant que la vie ne soit encadrée dans des horaires qui forcent chaque membre de la famille à quitter le foyer dans une direction différente chaque matin et avant que la télévision ne devienne le tyran de chaque maison ou presque, les familles avaient l'habitude de se réunir autour de la table, non seulement pour partager les mêmes aliments mais surtout pour parler et ainsi apprendre à se connaître et à s'aimer. Aujourd'hui les gens mangent et sitôt le repas fini, ils courent, se coupant ainsi de relations importantes les uns avec les autres. Le parent seul peut remettre sur pied cette tradition du repas qui se prolonge en discussion joyeuse, en échange amical. Pour cela, il faudra qu'il ait un peu d'imagination.

À Sheridan House, nous avons mis sur pied des jeux spéciaux pour les repas afin d'apprendre à nos enfants à rester à table, une fois leur repas terminé. Un de ces jeux est le jeu de l'alphabet. On choisit un sujet: les automobiles, les villes, les animaux, etc., puis chaque convive doit, à son tour, trouver un nom de pays, si c'est le sujet choisi, qui commence par chacune des lettres de l'alphabet en commençant par A, puis B et ainsi de suite. Le but de ce jeu n'est pas d'apprendre des noms mais d'apprendre à rester à table, en fait, à rester assis les uns avec les autres et de trouver cela agréable. Au bout d'un certain temps, rester à table devient une habitude et la conversation peut progressivement devenir plus profonde, plus significative. Des liens solides se créent et renaît enfin ce qu'on appelait autrefois, l'esprit de famille.

Il faut entraîner les enfants à communiquer et à exprimer leurs sentiments et cela est particulièrement important pour l'enfant d'un foyer divorcé ou séparé ou en deuil qui, naturellement, tend à se replier sur lui-même et ne désire même plus ouvrir la bouche. Cette situation ne doit pas être tolérée par un parent aimant qui doit alors faire des efforts précis pour lui montrer l'exemple d'une communication profonde. C'est au parent et non à l'enfant de faire dans ce domaine, comme dans tous les autres d'ailleurs, les premiers pas.

Un enfant va très vite se mettre à compter sur ces moments spéciaux de communication et cela d'autant plus qu'il approche de l'adolescence. Dès qu'un enfant acquiert la certitude qu'à intervalles précis, il peut avoir l'attention concentrée de son parent, il va aussi sentir qu'il est alors sans danger pour lui de dire tout ce qu'il pense. La maman d'un grand garçon me disait: « Mon fils aîné et moi, avons pris depuis des années l'habitude d'aller prendre un casse-croûte chaque semaine, à la même heure, au même endroit. Et c'est bouleversant de voir qu'à ce repas, il me décharge son cœur comme s'il avait tout gardé juste pour ce moment-là. »

Certes, malgré toute sa bonne volonté, la tâche la plus difficile pour le parent seul sera d'accepter sans mot dire tout ce que son enfant voudra bien lui dire. Il aura souvent un fort désir de l'interrompre pour le corriger, mais il est excessivement important que l'enfant ait le droit d'exprimer entièrement son opinion. Il doit se sentir respecté en tant qu'individu. Par contre, le parent doit être honnête et après avoir écouté attentivement son enfant, il a le devoir de lui exprimer son opinion à lui et de lui dire — si tel est le cas — qu'il n'est pas d'accord avec la façon de voir de son enfant. L'enfant qui a été écouté, écoutera à son tour et le parent pourra alors lui exposer ses valeurs et espérer qu'elles sauront influencer par le biais de l'amour, le cœur et l'esprit de son enfant.

L'enfant qui, au cours des années, apprend par expérience qu'il possède l'attention de son parent, n'aura pas besoin d'avoir recours à des déclarations fracassantes pour attirer l'attention. Beaucoup d'enfants meurent d'envie de connaître l'opinion de leurs parents sur tel ou tel sujet. Ils ne savent malheureusement pas comment s'y prendre et ils lancent alors des « signaux » comme par exemple tel adolescent qui, voulant savoir s'il est bien de vivre en concubinage, va lancer d'un ton détaché: « Mon ami Maxime a quitté ses parents et il vit maintenant avec son amie Claudine. Ça, c'est un homme. » Heureux le parent qui réagit et parle, même si c'est en criant et en gesticulant! Il vaut mieux mal communiquer que ne pas communiquer du tout. Par contre, s'il existe entre le parent et son enfant des chemins bien fréquentés de communication, ce dernier pourra sans détour, venir lui poser toutes les questions qui le préoccupent. Il le fera d'autant plus facilement qu'il aura acquis la certitude que son parent ne lui fera pas un sermon mais l'aidera sincèrement à résoudre son problème.

Quel encouragement pour un enfant que de constater que son parent, malgré son horaire aberrant, ne rate jamais leur rendez-vous ensemble. Quel encouragement de constater, chaque fois, que son parent l'a vraiment écouté et que son opinion a pour lui de l'importance. Quel encouragement aussi de savoir qu'il appartient à un foyer où il peut exprimer ses sentiments ouvertement sans craindre le ridicule ou le rejet... Ah! la douceur, l'incomparable attrait d'un foyer où l'on peut être pleinement soi-même dans un monde qui exige tant de façades, de masques, de maquillage. Communiquer, c'est créer des liens indissolubles. Tout le temps consacré à cette activité vitale est du temps gagné!

11

Votre famille est spéciale

Le paysage urbain qui concentre la très grosse majorité de la population occidentale est très monotone. Les maisons, souvent sur des kilomètres carrés, se ressemblent toutes et il est difficile de ne pas imaginer que cette uniformité n'affecte pas inconsciemment les enfants qui y grandissent. Ironiquement, l'unité qui se dégage de ces quartiers est très superficielle car chaque famille a ses problèmes personnels et une structure particulière.

La famille monoparentale pour sa part, souffre de liens brisés, d'esprits abattus, d'affections divisées. Elle souffre aussi d'un surmenage qui amène chacun de ses membres à vivre une vie strictement régimentée: On se lève tôt, on mange sur le pouce et tout le monde se précipite dehors, chacun dans une direction différente. Huit heures plus tard, le parent seul qui a travaillé toute la journée, ramasse ses enfants qui étaient à la garderie ou à l'école. On prépare en vitesse le repas. On passe de la cuisine au salon devant la télévision, à la salle de bain et au lit. Et après cette routine qui devient vite obsédante tant elle est déterminée avec exactitude, le parent seul, chaque soir car cela aussi fait partie de la routine, s'effondre en face de sa solitude. Les jours se ressemblent tant qu'on n'arrive à les distinguer que par les programmes de télévision qui passent et alors que la fin de semaine arrive, il n'est pas question d'aller dans la nature, à l'église ou de visiter des amis. Non, il faut faire maintenant le ménage, le lavage, le repassage, etc.

Il est difficile là encore de ne pas imaginer qu'une telle monotonie n'affecte pas les enfants qui vivent ainsi, et c'est sans surprise que l'on apprend que beaucoup d'enfants, très rapidement, développent le sentiment très net qu'ils ne vivent pas en famille et que l'endroit où ils rentrent chaque soir est plus une caserne qu'un foyer.

Une famille pour survivre a besoin d'un ingrédient spécial qui l'amène à comprendre qu'elle est unique. Elle a besoin de vivre régulièrement, quotidiennement et hebdomadairement des *événements particuliers* qui lui donneront son identité personnelle. Hélas, dans la famille monoparentale, parce qu'elle est si surmenée, ce sont ces événements qui généralement disparaissent le plus rapidement du programme. Souvent, ils n'en ont jamais fait partie et c'est là encore une des causes de sa division actuelle. Ces événements qui ne sont pas ordinaires vont tapisser la mémoire d'un enfant pour y dégager un parfum suave et puissant, celui du « chez nous », qui saura l'y attirer même lorsque les copains chercheront à l'en détourner, même lorsque cela fera longtemps qu'il aura cessé d'être un enfant...

Ces événements spéciaux sont aussi très importants pour que l'enfant découvre que la maison n'existe pas seulement pour faciliter l'exécution de certaines corvées, un point c'est tout. Combien d'enfants sont convaincus que le plaisir, la joie et la détente ne se trouvent qu'ailleurs, loin de chez eux. Le parent seul doit comprendre que l'enfant a besoin de plus qu'une maison propre, il a besoin d'un *foyer* dont les membres sont liés les uns aux autres par la joie de partager quelque chose de spécial.

Nous pouvons contempler cela chez les nombreuses familles d'immigrés que nous possédons aux États-Unis. Ces familles, d'une manière frappante, diffèrent au moins en deux points des familles typiques américaines. Alors qu'elles arrivent dans le Nouveau Monde, elles sont fréquemment totalement dépourvues de toutes ressources financières et elles le demeurent généralement pendant longtemps, au moins jusqu'à ce qu'elles aient assimilé la langue et la façon de vivre américaines. Pourtant, avec toutes les misères et les privations qu'elles doivent supporter, ces familles, dans leur très vaste majorité, restent unies et sensibles aux besoins affectifs et émotionnels de leurs membres. Leurs enfants les aiment et leur restent fidèles. Ils conservent pour elles un respect infiniment plus grand que les enfants américains.

On peut tirer un certain parallèle entre ces familles d'immigrés et les familles monoparentales. Les unes comme les autres connaissent de grandes difficultés matérielles et sont obligées de travailler dur et longtemps pour joindre les deux bouts. Mais toute ressemblance entre ces deux genres de familles s'arrête là. Il doit y avoir autre chose que la misère pour garder une famille unie. Pourquoi, alors que toutes travaillent si péniblement et luttent pour réussir économiquement, il y en a qui semblent rester si puissamment unies? La réponse est simple: Quoique occupées, quoique pauvres, ces familles appartenant à divers groupes ethniques ont un ingrédient très, très spécial que la famille monoparentale n'a que rarement: elles possèdent *des traditions familiales extrêmement fortes.*

Les familles québécoises d'il y a seulement une cinquantaine d'années possédaient de telles traditions et ces familles nombreuses faisaient souvent l'impossible pour se réunir au complet pour recevoir la bénédiction paternelle du Jour de l'An. Ah! pour voir Papa debout bénissant sa femme et ses enfants et leurs femmes et leurs enfants, on se déplaçait de loin, on passait par-dessus les différents, on avait le goût de vivre encore une année et on se gardait en forme et dans le bon chemin pour ne pas décourager Papa... Cette tradition donnait à chaque famille le sentiment infiniment précieux d'être unique et la fierté d'appartenir à une telle famille était évidente. On se tenait tous et on faisait un front commun. Les traditions sont le ciment qui unit des individus dissemblables et les amène à s'apprécier, à se respecter, à s'aimer. Les traditions construisent les familles et quand on en fait table rase, la famille ne survit pas.

On peut ranger les traditions en deux catégories. Il y a d'un côté les traditions saisonnières ou religieuses, puis il y a aussi les traditions courantes, quotidiennes qui ne sont pas liées à un événement spécial et qui ont lieu simplement parce que la famille en a décidé ainsi.

Chez nous, il y a une tradition courante que nous appelons la soirée des jeux. Un soir par semaine, généralement le mardi, toute la famille se réunit pour faire une partie d'un jeu quelconque. Un membre de la famille est responsable de son choix, un autre des rafraîchissements qui seront servis à la fin de la soirée. Il est surprenant de constater que même lorsqu'ils atteignent un âge où ils cherchent à le cacher, cette soirée demeure pour les enfants un événement auquel ils tiennent beaucoup. C'est pourquoi, une fois qu'elle est instituée, il faut à tout prix y tenir et ne pas accepter d'excuse pour passer par dessus. C'est justement là la force d'une tradition. En fait, le parent seul qui cherche à établir des traditions dans son foyer, doit comprendre qu'il ne s'engage pas envers elles, mais envers sa famille.

On peut incorporer beaucoup de traditions dans la routine d'un foyer monoparental pour l'égayer et la rendre moins lourde à supporter. Comme je vous l'ai déjà dit, il peut y avoir l'habitude de sortir avec un enfant régulièrement afin de lui permettre de se vider le cœur. Il y a cette magnifique tradition du culte familial du matin et du soir et puis il peut aussi y avoir un rituel pour le coucher. Je connais une famille monoparentale qui lit chaque soir quelques pages d'une biographie d'un homme ou d'une femme digne d'admiration. Un soir, c'est le parent qui lit et un autre, c'est l'enfant. Puis ils parlent ensemble et échangent leurs idées au sujet de leur lecture. Lorsque cet enfant sera grand, il aura lu plusieurs biographies, passé de nombreuses heures à parler avec son parent sur des sujets élevés et son cœur, sans aucun doute, brûlera du désir d'être à son tour quelqu'un. Quelle noble tradition!

On peut aussi mettre sur pied certaines traditions pour ramener la joie et les rires dans le foyer. Combien de familles monoparentales ont oublié que l'on pouvait se réjouir en famille. Combien d'enfants de parents seuls en sont venus à croire que les seules choses qui pourraient les rendre heureux seraient les choses matérielles qu'ils n'ont pas. À Sheridan House, nous avons mis sur pied une petite tradition qui a eu des résultats formidables. Les garçons étaient devenus grincheux et ils arrivaient le matin à la salle à manger, très moroses. Un cuisinier décida alors de remédier à cette vague de cafard en colorant, chaque jeudi matin, les œufs brouillés qui étaient servis au petit déjeuner. Nos garçons arrivèrent à table un jeudi matin, et regardèrent avec consternation les œufs bleus. Ils se mirent à se plaindre et à dire qu'on les forçait à manger des œufs de mouette. Beaucoup de garçons refusèrent tout d'abord de les manger, mais vers la fin du repas les garçons avaient mangé plus que d'habitude et on entendait une musique des plus agréables, des rires! Plus tard ce jour-là, un de nos ouvriers dut aller à l'école que nos garçons fréquentaient et il put constater que l'histoire des œufs de mouette avait fait le tour des 700 élèves qui s'y trouvaient.

Le jeudi matin suivant, les œufs furent colorés en rouge. Bientôt dès le mercredi, nos garçons s'efforcaient de deviner quelle serait cette fois-ci la couleur des œufs et le jeudi matin, ils se précipitaient dans la salle à manger avec beaucoup d'excitation. Ces repas aux œufs colorés étaient toujours très joyeux et ils ouvraient terriblement l'appétit de ces garçons qui maintenant se sentaient aimés d'une façon spéciale. Ils devinrent des célébrités à l'école car tous les jeudis, tout le monde leur demandait quelle avait été ce matin, la couleur des œufs. Oui, ces petites traditions peuvent faire énormément pour chasser l'ennui, ce terrible précurseur de la dépression.

Naturellement, les traditions saisonnières peuvent aussi être exploitées d'une façon particulière pour devenir des traditions propres à la famille. Noël est une tradition saisonnière qui, de plus en plus, se résume à quelques heures de festivités et d'échanges de cadeaux qui, pour beaucoup, semblent aggraver leurs sentiments de solitude et de rejet.

Je connais une famille qui depuis des années, fabrique chaque année, ses propres décorations de Noël. C'est ainsi qu'après le Jour d'action de grâce, elle décide quel genre de décorations elle désire faire pour orner l'arbre. Une fois le choix arrêté, toute la famille passe ses soirées à ce travail où chacun peut y mettre du sien. Une année, cette famille a fait des décorations en pâte, une autre année des décorations en tissu rembourré, une autre année des décorations en bois de balsa peint. L'arbre de Noël dans cette famille, n'a jamais eu une seule décoration achetée et chaque enfant devenu grand, lorsqu'il quitte le foyer pour fonder le sien, emporte avec lui ses décorations. C'est ainsi que la tradition se perpétue. Cette famille a un esprit de famille remarquable.

Dans ma propre enfance, je me souviens d'une tradition qui tournait autour de l'achat de l'arbre de Noël. Avant d'aller choisir notre propre arbre, mon père nous faisait faire le tour du quartier pour nous montrer comment les gens avaient décoré leurs maisons. Puis, nous allions alors chercher « notre » arbre et c'est avec beaucoup d'impatience que nous le ramenions à la maison, le mettions dans son pied et que nous commencions en chœur à supplier notre père de le décorer immédiatement. Mais la réponse était toujours la même: « Non, on ne peut pas décorer l'arbre tout de suite, il faut qu'il s'acclimate. » D'année en année, nous savions quelle serait la réponse mais nous prenions plaisir à jouer ce jeu qui se terminait toujours par une bonne boisson chaude sirotée bien serrés les uns contre les autres, devant notre arbre nu.

Puis ma mère est morte et mon père est devenu un parent seul. Pensant probablement que nous étions

trop vieux pour cela ou que cela n'avait plus d'importance maintenant, il laissa tomber cette tradition. Mais
je dois avouer, bien que nous ne l'ayons jamais dit à
personne, que cela nous a fait, à mon frère et à moi,
beaucoup de peine... C'est comme si le vide était encore plus grand.

Y a-t-il un âge où les enfants deviennent trop vieux
pour apprécier des traditions? Je ne crois pas. Dans
la famille de ma femme, Noël est immergé dans des
traditions. Il y a plusieurs activités spéciales dans la
semaine précédant Noël, mais à mon avis, le moment
le plus particulier est la veille de Noël. Aussi loin qu'ils
remontent dans le temps, peu importe le lieu où ils se
trouvaient, ma femme et ses trois frères ont toujours
célébré Noël de la même manière. Ma femme m'avait
bien préparé pour ce premier Noël que nous devions
passer ensemble dans sa famille, après notre mariage.
Elle m'avait tout d'abord dit que toute sa famille allait
à l'église où se tenait un service à la lueur des chandelles, après quoi tout le monde revenait à la maison
pour se changer. Tenez-vous bien! Tous les enfants et
même les parents se mettaient en pyjama de flanelle.
Tout comme vous, lorsque j'entendis cela pour la première fois, je fus vraiment bouleversé. Je demandai à
ma femme: « Tu veux me dire que même aujourd'hui,
à l'âge que tes frères ont, ils vont se mettre en pyjama
pour fêter Noël? » Rosemarie me regarda étonnée et
me répondit tout bonnement: « Bien sûr, c'est une de
nos traditions! »

Je me rappelle que je ne pouvais pas chasser cette
idée de ma tête et je me demandais de quoi tout le
monde aurait l'air en pyjama de flanelle autour de l'arbre, maintenant qu'ils étaient des adultes mariés avec
leurs propres enfants...! Pour ma part, je me disais que
je serais en sécurité. Cela faisait des années que je ne
possédais pas de pyjama et encore moins de pyjama
en flanelle!

Le jour tant attendu arriva enfin. Comme prévu,
nous allâmes à l'église et le service se déroula à la lueur
des chandelles. Puis nous rentrâmes à la maison et
sans dire mot, tout le monde disparut. Quelques ins-

tants plus tard, alors que j'entrais dans le salon, je fus littéralement estomaqué de voir devant mes yeux trois générations en pyjama de flanelle. J'avais vraiment l'air bizarre avec ma cravate et ma chemise. Le récit de la naissance de Jésus fut lu dans l'évangile de Luc puis nous chantâmes un cantique favori. J'étais vraiment surpris de constater que tout se déroulait comme ma femme me l'avait dit et cela depuis trois décennies. Il n'était absolument pas question que qui que ce soit change quoi que ce soit.

Après une prière, tout le monde eut le droit d'ouvrir un cadeau. À ce moment, Rosemarie et ses frères redevinrent de petits enfants et ils se mirent à supplier pour avoir le droit d'en ouvrir un de plus (cela aussi faisait partie de la tradition), mais, selon la tradition, cela leur fut refusé. On me donna mon cadeau et comme tous les yeux étaient fixés sur moi, je l'ouvris. Alors que j'en montrais le contenu à mes spectateurs, tout le monde éclata de rire: Je venais de recevoir mon uniforme, un pyjama de flanelle et j'étais maintenant un membre en bonne et due forme de la famille.

La famille de ma femme n'a jamais été riche. Ils avaient été des missionnaires toute leur vie, mais je découvris rapidement qu'ils étaient riches en amour et en fidélité. Les traditions qu'ils avaient établies dans leur foyer étaient devenues très importantes. Noël ne se résumait pas à un échange de cadeaux mais c'était un temps de célébration véritable, une période où ils pouvaient revivre leurs traditions vieilles de trente ans. Pour un Noël, leur plus jeune frère missionnaire en Corée, fit le voyage jusqu'aux États-Unis pour se retrouver avec « sa » famille. Oui, ses traditions l'avaient rendue à ce point précieuse à ses yeux et il n'avait aucune crainte... Il savait qu'elles ne changeraient pas. Il pouvait faire ce long voyage. Il ne serait pas déçu.

Il y a plusieurs autres fêtes qui peuvent ainsi être entourées de traditions. Les anniversaires par exemple, sont idéals pour cela. Dans notre famille, c'est l'occasion de faire des mets particuliers et délicieux.

Le repos hebdomadaire constitue pour d'autres familles l'occasion de détentes et de traditions qui, de semaine en semaine, les unissent par des liens de plus
en plus étroits. Une famille qui passe chaque semaine
24 heures ensemble, sans se laisser déranger par aucun souci ni aucun travail servile, dans le but de s'occuper spirituellement et affectivement de chacun de
ses membres, développe un sens d'appartenance puissant. Or c'est le but fondamental des traditions: Donner aux membres d'une même famille, le sentiment
d'appartenir à une unité très, très spéciale. En fait, il
n'y a rien de plus puissant pour préserver l'estime de
soi-même que les traditions saines dont nous venons
de parler. Par exemple, si un enfant a une piètre opinion de lui-même, le simple fait d'appartenir à une famille qui fait des choses spéciales, l'aidera à sentir qu'il
est un individu qui a plus de valeur.

Les traditions familiales peuvent aussi faire beaucoup pour combattre le sentiment très pénible pour un
enfant, que sa famille est en train de tomber en pièces.
Elles lui permettent de constater que sa famille fait
encore des choses intéressantes ensemble. Trop souvent, malheureusement, tout ce qu'une famille monoparentale fait encore ensemble, c'est du ménage! Un
enfant qui n'anticipe que cela semaine après semaine,
peut difficilement ne pas se désintéresser rapidement
de sa famille.

Voilà, il vous faut des traditions si vous voulez
survivre en tant que famille. Si vous n'en avez pas, c'est
le moment de commencer. Il n'est absolument pas trop
tard! Une tradition peut commencer n'importe quand,
l'important est d'y tenir une fois qu'elle a été instituée.
Il vous sera peut-être difficile d'y intéresser vos enfants, mais c'est à vous d'être enthousiaste, malgré
leurs airs blasés. Après un certain temps vos enfants
attraperont votre emballement, car ils se sentiront en
sécurité en vous voyant si dévoué à votre famille, au
point de ne plus accepter que quoi que ce soit vous
empêche d'oublier un événement devenu tradition.

12

L'éducation sexuelle

Il n'y a probablement rien de plus controversé à l'heure actuelle que le devoir d'enseigner aux enfants comment utiliser le don de leur sexualité. On se demande sur qui tombe cette responsabilité et beaucoup de parents dont je suis, regrettent que cela ait dû devenir matière scolaire.

L'éducation sexuelle, c'est beaucoup plus qu'un cours de biologie. Il est impossible d'enseigner à un enfant la sexualité sans incorporer dans la leçon des valeurs personnelles. Or ce n'est pas à l'école d'enseigner la morale, mais quand elle parle d'avortement et de contraception par exemple, n'offre-t-elle pas un système de valeurs? D'un autre côté, beaucoup d'écoles préféreraient ne pas avoir à aborder le sujet, mais elles s'y sentent obligées parce que la famille ne s'en occupe pas. Pourtant, de tous côtés, tout le monde est d'accord: l'éducation sexuelle, idéalement, doit se donner au sein de la famille.

Pour une raison ou une autre, le parent d'aujourd'hui, tout comme celui d'hier, remet toujours à plus tard ce moment où il parlera à son enfant de la beauté et des fonctions de la sexualité. Et quand le

parent se décide enfin, il lui fait un cours depuis longtemps passé dû, plein de gêne et de malaise. Pourtant
la leçon nécessaire ne sera jamais enseignée ou donnée
en une seule fois rapide.

Un jour que je donnais une conférence sur la nécessité d'enseigner à nos enfants le sens de leur
sexualité, je posai la question suivante: « Combien
parmi vous n'ont reçu de vos parents qu'un seul cours
sur la sexualité? » Environ la moitié des adultes le-
vèrent leur main, ce qui me surprit. Je pensai alors que
l'autre moitié n'avait pas levé sa main parce qu'elle
avait eu plus qu'un seul cours. À ce moment-là un
homme au premier rang, éclata: « Je vous en prie, demandez maintenant combien d'entre nous n'ont jamais
reçu une seule leçon de la part de leurs parents. » Je
suivis son conseil et posai cette question. La réponse
fut déchirante: La presque totalité de ceux qui n'a-
vaient pas levé la main, n'avait jamais eu le moindre
enseignement sur cette question si fondamentale. En
vérité, en totalisant les deux groupes, ceux qui avaient
eu un seul « cours » et ceux qui n'en avaient pas eu du
tout, on pouvait constater que 90 p. 100 des gens présents n'avaient rien ou presque rien appris de leurs
parents à ce sujet.

Éduquer un enfant sur sa sexualité je le répète est
beaucoup plus qu'un cours de biologie suivi d'une liste
de « permis et interdit ». Et cela est déjà un problème
en soi. Quoi dire et quoi ne pas dire? Certes un enfant
doit connaître les aspects physiques de la sexualité,
mais il doit aussi, surtout, beaucoup plus, avoir une
claire notion du principe féminin et du principe mas-
culin. Savoir ce que c'est qu'être un homme ou ce que
c'est qu'être une femme est infiniment plus fondamental pour un enfant, un adolescent et un adulte que de
connaître le mécanisme d'action ou même l'anatomie
de son sexe. Et c'est là que se trouve le véritable problème. Beaucoup d'hommes et de femmes ne savent
vraiment pas ce qu'ils sont, ce qu'ils doivent être, ils
n'ont aucune fierté d'être homme ou d'être femme et
ils considèrent leur sexe comme une infirmité. Le
parent seul tout particulièrement, peut être en lutte

avec sa propre personnalité féminine ou masculine. Cela aussi peut être à l'origine même de sa solitude actuelle, car il est impossible pour un homme et une femme de vivre ensemble harmonieusement, si l'un ou les deux n'ont aucun sens du rôle qu'ils doivent assumer au sein de leur union. La propagande sournoise et ouverte en faveur d'une identité des sexes et le refus de reconnaître qu'ils ont chacun des caractéristiques précises, uniques et particulières, est à l'origine d'un nombre incalculable de misères conjugales et de débauches sexuelles.

Lorsque j'étais petit, avant que ma mère meure, mon père avait une tradition très spéciale. Chaque mois de décembre, un jour avant Noël, il m'amenait avec lui dans un grand magasin. Nous y entrions pour nous diriger vers le département de la lingerie fine pour dames. Là, mon père avec grand soin, choisissait un déshabillé pour ma mère. J'avais chaque fois envie de mourir de honte, puis je mourais presque à la vue du prix qu'il payait pour ce qui me semblait être un article ridicule comme une chemise de nuit. Mais chaque fois aussi, mon père prenait la peine de m'expliquer combien il était important que ma mère reçoive de sa part un tel cadeau; puis, l'achat fait, il m'amenait, chaque année, manger un petit quelque chose dans un restaurant.

Pendant longtemps j'ai pensé que le but de ce voyage pénible était la sortie au restaurant. Aujourd'hui j'ai compris que ce voyage faisait partie de mon éducation. Papa essayait de me faire comprendre que bien que nous aurions pu ou même que nous aurions désiré dépenser cet argent pour nous acheter un outil pour notre petite boutique de menuisier, il était très important que ma mère se sente femme. Oui, mon père m'enseignait avec sagesse que les femmes sont différentes des hommes et que ce n'est que dans la mesure où ceux-ci le reconnaissent, qu'elles sont heureuses... et *vice-versa*. Même lorsque ma mère fut décédée, mon père ne rata jamais une occasion de nous montrer à mon frère et à moi qu'il existe des différences émotionnelles précises entre les hommes et les femmes et combien celles-ci sont importantes, nécessaires et bonnes car elles contribuent à leur bien-être réciproque.

Dans ce domaine capital, l'éducation sexuelle, l'exemple que donnera à ses enfants le parent seul sera décisif et il doit prendre le temps d'y réfléchir très solennellement. Selon toute probabilité, son identité sexuelle est profondément confuse. Il se peut que la cause du divorce ait été l'adultère et comme c'est souvent le cas, il existait depuis longtemps déjà dans son mariage, une incompatibilité sexuelle quelconque. Tout cela et tout le reste par-dessus, son éducation familiale, la publicité et les discours de ses compagnons de travail, sont suffisants pour amener le parent à se demander s'il est normal ou non. Et puis il y a aussi le fait que maintenant il se retrouve tout seul. Comme le disait une maman seule: « Que dois-je faire maintenant? C'est moi qui ai les enfants et je n'ai personne en vue pour sortir. Je sais que mon ex-mari doit avoir un plaisir fou dans son appartement de nouveau célibataire. C'est si dur de dormir seule après toutes ces années de mariage... Peu importe nos disputes incessantes et même leur violence, il était quand même un homme auprès duquel je pouvais m'endormir sans crainte... »

Cette confession pourrait être celle de milliers d'autres femmes... Il est certes très dur d'avoir été mariée pendant tant d'années et d'avoir joui d'une certaine vie sexuelle et puis du jour au lendemain, plus rien.

Pourtant dans sa frustration cette maman seule exprime combien elle se méprend sur le véritable sens de la sexualité. Elle envie son ex-mari, parce que, selon elle, puisqu'il n'a pas les enfants, il ne va pas avoir à cesser sa vie sexuelle... Qu'est-ce que cette maman va bien pouvoir enseigner à ses enfants sur ce sujet? Jusqu'à quand les enfants vont-ils consituer une barrière suffisamment solide pour l'empêcher de se jeter à son tour dans cette mêlée de ces hommes et de ces femmes seuls en quête d'un partenaire d'un soir?

Notre monde a une fois de plus désespérément besoin d'une compréhension exacte de la véritable nature de la sexualité. C'est Dieu qui nous a créés mâle et femelle et dans Sa sagesse, Il a codifié notre sexualité afin qu'elle soit un don parfait. C'est Dieu qui a voulu que l'homme soit attiré par la femme et qu'il ait le désir de s'attacher à elle afin de devenir avec elle une seule chair. C'est de cette image — les deux deviendront une seule chair — que tout au long de la tradition judéo-chrétienne a jailli la sainteté du mariage. Alors que la solitude est devenue la plaie la plus hideuse du cœur humain, en cette fin du 20e siècle, un homme et une femme, s'ils le désirent, s'ils en prennent l'engagement, peuvent encore devenir tellement proche l'un de l'autre qu'ils se mettront à faire face à la vie comme une seule et même personne. On comprend alors pourquoi le véritable mariage chrétien a donné le privilège à la femme mariée de porter le nom de son mari et lui a toujours, automatiquement, accordé ses titres personnels, l'épouse du maire devenant Madame la mairesse, l'épouse du maréchal Madame la maréchale, l'épouse du roi la reine, etc.

Parce qu'un homme et une femme ne peuvent pas vivre pleinement s'ils sont seuls, Dieu les a invités à s'unir par les liens du mariage et à échanger des vœux solennels de fidélité, « pour le meilleur et pour le pire », et pour que cette union soit d'une intimité absolue, Il l'a ornée du don de la relation sexuelle et pour que celle-ci soit projetée dans le temps et l'éternité, Il l'a enrichie du miracle de la conception... C'est ainsi que la maman dont nous avons parlé au début de ce chapitre aurait dû choisir et décider de rester sexuellement inactive, non « à cause des enfants », mais parce qu'elle reconnaissait que c'est Dieu Lui-même qui, dans Sa sagesse, a indiqué le mode d'emploi précis de cette activité humaine.

Il est très important que le parent seul présente à son enfant une attitude responsable et adulte face à la sexualité. Plus que tout autre enfant, l'enfant d'un foyer monoparental peut être exposé à des concepts

sexuels destructeurs: Il doit maintenant, fort probablement, écouter son père qui est retombé dans son
adolescence et qui est constamment à la recherche
d'une femme. Il essaie ainsi de surmonter son insécurité et ses sentiments d'échec et il dit à son enfant,
par sa conduite, qu'un véritable homme ramène à la
maison une nouvelle femme chaque soir. Cet enfant ne
peut pas faire autrement que de grandir avec la
croyance que la relation sexuelle n'est pas une expérience de partage unique entre un mari et son épouse,
mais plutôt quelque chose à prendre de quiconque
vient à passer...

Cet enfant doit aussi, fort probablement, écouter
sa mère lui raconter sans pudeur combien son père,
selon elle, a abusé d'elle et avec ces discours vils et
laids, comment l'enfant pourra-t-il jamais comprendre
la beauté et la profondeur du geste lui-même? Et englo-
bant tout cela, comme une fibre qui envahit tout le tissu
de sa vie, il y a la télévision qu'il regarde du matin au
soir et qui lui dit, sur tous les tons jusqu'à l'obsession,
que la sexualité est une activité récréative — rien de
plus — et qu'il n'y a vraiment pas à se casser la tête
avec ça.

Dans notre société qui est maintenant la victime
éperdue de sa propre révolution sexuelle, il faut absolument que le parent seul, s'il désire que son enfant
vive et soit heureux, lui donne une autre image de la
sexualité.

C'est pourquoi lorsque le parent seul sort il doit
tout faire pour pouvoir le faire la tête haute. Il doit
ainsi prendre le temps de bien expliquer à son enfant
où il va, ce qu'il fera et à quelle heure il va revenir.
Aux yeux de l'enfant, les sorties de son parent doivent
être saines et propres et tout ce qui pourrait soulever
son inquiétude ou ses doutes doit être définitivement
écarté. Que le parent pense qu'il peut dès à présent,
enseigner à son enfant comment il devra se conduire
quand le moment viendra pour lui de fréquenter à son
tour quelqu'un. En étant très strict pour lui-même, le
parent seul offre à l'enfant le privilège unique de comprendre tôt que la relation sexuelle est le privilège

exclusif du mariage, de l'engagement à la fidélité pour la vie entre un homme et une femme. Le parent doit aussi veiller à s'habiller avec décence, modestie et de manière à ne pas fausser son identité masculine ou féminine. Le simple fait qu'il sorte le soir, peut créer sur le jeune esprit de son enfant, une très mauvaise impression qui le précipitera dans des rêvasseries malsaines et angoissées. Parent seul, ayez pitié de votre enfant. Soyez, en tout temps, au-dessus de tout soupçon.

Les enfants se rendent compte très tôt de la réalité de leur sexe. Bien vite aussi, ils perçoivent qu'il y a des différences entre les petites sœurs et les petits frères, particulièrement au cours de la toilette quotidienne, et il est bon de leur apprendre rapidement à s'occuper eux-mêmes de leur toilette intime.

C'est entre trois et six ans que se situe la période la plus critique pour l'éducation sexuelle d'un enfant. C'est entre ces âges-là qu'il est avide de savoir, curieux et désireux de poser des questions au sujet de la naissance et de la reproduction et il le fait spontanément parce qu'il ne ressent pas encore la gêne qui entoure ce sujet chez les adultes. L'innocence de cet âge ne reviendra jamais et il est important de savoir l'exploiter pour le bien de l'enfant.

Si le parent est trop occupé ou trop préoccupé, il peut rater plusieurs occasions de donner à son enfant un enseignement à la faveur de ses questions. Souvent celles-ci le mettront mal à l'aise ou encore, elles sembleront toujours mal tomber. Il y aura chaque fois, un choix à faire: Qu'est-ce qui est le plus important, continuer à laver la vaisselle ou répondre à la question d'un bambin de quatre ans qui ne voit pas de différence entre une partie de son corps et une autre?

De nombreux parents enseignent à leurs enfants à appeler leur appareil sexuel par des noms bizarres et fictifs. Ce n'est que remettre le problème à plus tard. D'autres parents sont passés maîtres dans l'art de dire: « Je te raconterai cela plus tard. » « Plus tard » semble ne jamais venir et assez rapidement l'enfant se demande si on ne parle jamais de cette partie de son corps à un adulte, d'autant plus, se dit-il, « que cela a l'air de les mettre drôlement mal à l'aise ». Non! il faut répondre aux questions et donner à un enfant le vocabulaire nécessaire pour qu'il puisse s'exprimer correctement.

La question la plus courante à cet âge-là, est tout simplement: « D'où viennent les bébés? » Les réponses sont incroyables. Elles démontrent clairement que les parents cherchent à se débarrasser de leurs responsabilités et qu'ils ne se sont jamais arrêtés à penser à donner à cette question une réponse adéquate. Pourtant, y penser, permettrait d'en trouver une.

La mère seule d'une fillette de 13 ans a dit une fois en public qu'elle ne lui avait encore rien dit au sujet de la sexualité et qu'elle n'avait aucune intention de le faire dans un avenir proche. Et pour se justifier, elle ajouta: « Ce qu'elle ne sait pas ne peut pas lui faire de tort. » Quelle piètre approche, hélas! trop courante, d'une éducation sexuelle.

Beaucoup de parents lorsque leurs enfants leur demandent « d'où viennent les bébés? » cherchent à les distraire et à détourner leur esprit de ce sujet. « Tu es trop jeune pour savoir de telles choses. Nous en reparlerons quand tu seras plus grand. » Mais quand il sera plus grand, ce sera trop tard, l'enfant ne posera plus jamais la question. Quelle belle occasion de toucher son cœur par la beauté d'un tel événement, de ratée!

D'autres parents continuent comme par le passé à raconter des histoires à ce sujet et disent: « C'est la cigogne qui t'a amené » ou « le docteur t'avait dans son sac » ou « on t'a ramassé à l'hôpital ». Tout cela, ce sont des mensonges qui, quand l'enfant s'en rendra compte, affaibliront la confiance qu'il avait en ses parents et l'amèneront à leur poser de moins en moins de questions et à se détourner de plus en plus de leurs conseils. Bientôt l'enfant ira à l'école. Il sera moins souvent à la maison. Ne serait-il pas nécessaire qu'il ait une juste et belle notion de la sexualité avant que le monde la pollue devant ses yeux et ses oreilles?

Allons, saisissez l'occasion. Si l'enfant demande: « Maman, d'où est-ce que je viens? » Répondez: « De mon ventre ». Voilà, c'est tout. Il n'y a rien à ajouter. Un enfant pose toujours une question simple. Tout ce qu'il désire, c'est une réponse simple. Peu à peu, très progressivement, l'enfant posera des questions plus précises et il faudra y répondre comme à toute autre question. Le parent seul devrait être reconnaissant et non ennuyé par ces questions qui peuvent être pour lui l'occasion d'enseigner à son enfant des valeurs précieuses et indispensables. Il ne devrait pas hésiter à mettre de côté certaines activités pour prendre le temps d'y répondre.

Certains parents seuls prennent pour excuse à leur refus d'éduquer leurs enfants, celle qu'ils sont du sexe opposé au leur. Pourtant il est étonnant de voir certains pères faire l'impossible pour apprendre à leurs filles à coudre alors que certaines mères font tout en leur pouvoir pour expliquer à leurs fils comment jouer au foot-ball. Les uns et les autres ne veulent absolument pas que leurs enfants aient des complexes parce qu'ils ne savent pas faire ce que des enfants « normaux » apprennent à faire normalement. Apprendre à un enfant à comprendre et à respecter sa sexualité est infiniment plus important. Pour vous encourager à ne pas vous sentir mal à l'aise, sachez qu'à cet âge-là, l'enfant pose des questions innocemment et il n'en ressent aucune gêne.

Alors que les questions deviennent plus directes, vos réponses doivent aussi le devenir. Voici un exemple:

La mère: — Tu es né parce que le sperme de ton père s'est uni à un œuf à l'intérieur de mon corps. Cette rencontre du sperme et d'un œuf s'appelle la conception. Puis tu as grandi dans mon ventre pendant neuf mois.

L'enfant: — Qu'est-ce que c'est le sperme?

La mère: — C'est une toute petite cellule, plus petite qu'un grain de sel, qui vient de l'homme et qui permet de faire des bébés.

Ce genre de communication peut sembler terriblement compliqué, difficile à sortir en une seule fois, mais vous n'aurez probablement jamais l'occasion de retoucher à ce sujet. Votre attitude dégagée permettra à votre enfant de revenir vers vous pour d'autres questions, sous d'autres formes. Rappelez-vous bien qu'à l'âge de 4 à 6 ans, un enfant pose ces questions avec spontanéité et sans aucune gêne. Vous devez à tout prix saisir cette occasion.

Un enfant commence véritablement à ressentir certaines émotions sexuelles alors qu'il entre dans la puberté et que sous les effets d'hormones particulières, ses organes sexuels se développent pour atteindre leur maturité. Cette période est généralement caractérisée chez l'enfant par des variations d'humeur importantes et un silence plus ou moins obstiné sur tout ce qui a trait à la sexualité.

Pourtant, alors que l'enfant a cessé de verbaliser ces questions, elles sont quand même toujours là et malgré l'apparence, il cherchera de toutes ses forces à obtenir des réponses comme il peut et où il peut. Heureux est-il si l'expérience du passé lui a appris qu'il peut aller vers son parent sans problème! Cela sera probablement plutôt rare, et le parent seul maintenant conscient de son devoir, devrait essayer d'être d'autant plus attentif aux besoins d'éducation de son enfant alors même qu'il ne pose pas de questions. Il se peut qu'il soit plus à l'aise avec son parent qui ne l'a pas à charge et qu'il cherche à lui poser ses questions au cours des visites mensuelles ou hebdomadaires. Cependant, selon toutes probabilités, là aussi les circonstances d'une vie agitée et toujours en mouvement ne se prêteront guère à des conversations constructives sur le sujet.

Oui, l'enfant à l'adolescence a perdu sa spontanéité. Ses questions, s'il en pose, vont être très indirectes, piégées même, et si le parent seul ne fait vraiment pas attention, il passera généralement à côté des préoccupations profondes de son enfant. Une maman seule a rapporté l'incident suivant. Sa fille avait 10 ans lorsqu'elle lui a demandé: « Comment est-ce qu'une fille peut savoir qu'elle est enceinte? » Sans s'arrêter à réfléchir à ce que son enfant voulait réellement savoir, elle lui avait répondu: « Un moyen absolument sûr serait si à la fin du mois, elle n'aurait pas ses règles. » Or sa fille venait tout juste d'être menstruée, son cycle était encore très irrégulier et ce mois-ci, elle n'avait pas eu ses règles. Elle se mit alors à rester des nuits entières éveillée à se dire qu'elle était enceinte et à se demander ce qu'elle ferait... Sa maman aurait pu lui éviter bien des angoisses pénibles si elle avait pris le temps de comprendre avec tendresse les réelles préoccupations de son enfant. Elle avait besoin de savoir que les bébés ne se font pas juste comme ça et qu'un cycle menstruel, chez une petite fille, peut être assez longtemps très irrégulier.

À l'adolescence, il est aussi important qu'un enfant sache quels sont les changements physiques (pilosité, etc.) qui doivent s'opérer en lui. Un garçon doit être averti au sujet des pollutions nocturnes. Tout cela peut être très pénible pour le parent seul, mais il doit garder à l'esprit que c'est pour lui un devoir indispensable dont il ne peut pas se défaire, car l'enfant cherchera à tout prix l'information dont il a besoin et c'est alors qu'il devient une proie facile pour tous ceux qui n'ont aucun scrupule à exploiter l'ignorance des jeunes. Parent, si vous n'arrivez pas à parler à votre enfant, vous pouvez toujours lire avec lui des livres. Il en existe de fort bien faits dans les bonnes librairies.

Les aspects physiques de l'adolescence ne constituent pas le plus grand problème de cette période de la vie. Le jeune adolescent a surtout besoin de comprendre ses sentiments d'attraction envers le sexe opposé et d'apprendre à les diriger. C'est à ce niveau que l'exemple du parent seul est extrêmement important. Le parent seul pourrait chaque fois que nécessaire s'adresser ainsi à son enfant:

« Mon chéri, (ma chérie), je sais que tu es très attiré(e) par cette fille (ou ce garçon) que tu vois de temps à autre. Allons, ne t'inquiète pas, je sais que c'est tout à fait naturel et si tu n'avais pas le privilège

de m'avoir pour veiller sur toi, tu chercherais probablement à te rapprocher de plus en plus d'elle (ou de
lui). Les désirs sexuels ne sont pas mauvais, il faut
tout simplement apprendre à les traiter d'une manière
responsable. Peut-être que tu n'y as jamais pensé, mais
depuis que je ne suis plus marié(e), moi aussi, je fais
face aux mêmes impulsions. Cependant il y a déjà longtemps, j'ai accepté que la relation sexuelle était une
relation que Dieu avait créée pour l'intimité du
mariage. C'est un signe merveilleux qu'il existe entre
le mari et sa femme, une complicité unique et non par-
tagée avec qui que ce soit d'autre. J'ai décidé que je
ne souillerai pas cela, et je t'encourage, pour ton bonheur, à agir de la même manière. Cela n'est pas facile,
je le sais, mais Dieu qui a conçu ce plan peut t'amener
à le suivre. Tu n'as qu'à le Lui demander. »

Une simple confession comme celle-là peut énormément faciliter la communication entre un parent et
son enfant et amener ce dernier à exprimer avec plus
de liberté ses sentiments. Les discussions sur ce sujet
devraient être régulières et sans détour, même si l'adolescent ne les entame pas. À cet âge, les jeunes ont
des tas de questions qui les préoccupent: Qu'est-ce
le véritable amour? Que signifie la compatibilité
sexuelle? Est-ce que les filles ont des orgasmes? etc.
Les garçons et les filles veulent savoir comment se
comporter avec le sexe opposé, ce à quoi ils doivent
s'attendre, mais par-dessus tout, ils veulent savoir ce
qui est bien et ce qui ne l'est pas. À cette époque unique
de leur vie où les jeunes ont à faire le choix d'une
conduite sexuelle saine ou pernicieuse, ne voulez-vous
pas leur donner toutes les chances de faire le bon?

Dans notre société qui souffre maintenant tragi-
quement des conséquences de sa révolution sexuelle
sous forme, entre autres, de maladies sexuelles transmissibles endémiques, il est impérieux d'amener nos
jeunes à résister aux pressions du libéralisme sexuel
qui restent néanmoins fortes. La lutte est ardue, mais
dans la mesure où l'éducation familiale sur ce sujet
aura été saine et précise et que le parent n'aura pas
oublié que dans ce domaine, plus que dans aucun au-

tre, « l'occasion fait le larron », l'enfant pourra en sortir vainqueur. Oui beaucoup, beaucoup trop de jeunes à notre époque sont les malheureuses victimes de l'abandon de cette coutume séculaire qui voulait que les jeunes gens et les jeunes filles soient toujours chaperonnés...

Le parent, par amour pour son enfant, a le devoir absolu de veiller sur toutes ses sorties, ses rencontres et ses activités. Ne craignez rien. Un adolescent aime se sentir tenu, gardé et protégé. Certes, il vous dira exactement le contraire. Ne le croyez pas. Un jour, il vous dira merci de tout son cœur.

13

La jalousie dans la famille

Le problème de la jalousie entre frères et sœurs peut se retrouver dans tous les foyers mais il semble être particulièrement courant et aigu dans les foyers monoparentaux. Le parent seul est très souvent éprouvé par ce grave phénomène. Comme le disait l'un d'entre eux: « Voilà déjà plusieurs années que mes deux enfants ne peuvent pas s'asseoir à la même table sans devenir exécrables l'un envers l'autre. C'est à peine si nous avons l'air d'être une famille. La plupart du temps nous sommes trois individus qui se supportent à peine. »

Pour qu'un enfant soit un membre agréable d'une famille, il faut qu'il ait une saine estime de soi-même, il faut que son foyer soit un lieu agréable à vivre et il faut qu'on lui ait appris à s'exprimer devant les autres membres de la famille d'une façon positive.

Malheureusement lorsque la famille a été scindée en deux, l'enfant a beaucoup de difficultés à avoir une saine estime de soi-même, il a beaucoup de difficultés à apprécier son nouveau foyer et à trouver que c'est le plus bel endroit sur la terre et il a beaucoup de difficultés à s'exprimer gentiment après tous ces mois et peut-être ces années où il a été le témoin de cris, de hurlements et de menaces sans fin...

Oui, arrêtons-nous un peu à cela. Lorsque la famille se divise, il est inévitable que l'enfant, automatiquement, acquiert une piètre opinion de lui-même. Ne l'oubliez pas, en tant que parent, vous n'êtes pas seul à avoir divorcé. Votre enfant aussi a été divorcé et c'est tout naturellement qu'il va se mettre à penser: « Papa (ou maman), pour une raison ou une autre, m'a abandonné. Je dois être peu intéressant. » Certains parents font beaucoup pour effacer ce sentiment de l'esprit de leur enfant, mais en général, il persiste longtemps et souvent tout le temps, car comment cesser de remarquer, jour après jour, l'absence de papa ou de maman? Évidemment, dès qu'un enfant (ou qu'un adulte) se sent inadéquat, il ne faut pas longtemps pour qu'il se mette à projeter ces sentiments destructeurs sur tous ceux qui l'entourent.

Lorsque la famille se divise, elle cesse d'être pour l'enfant, le symbole si rassurant, si puissant de l'unité. Or, pour devenir un adulte sain et équilibré l'enfant a besoin, dès sa naissance, d'acquérir un très fort sentiment d'appartenance mais aussi un esprit de corps. Il doit sentir, savoir et voir qu'il appartient à une famille particulière et il doit apprendre peu à peu à la servir, à travailler pour elle en équipe alors que tous les membres de la famille préparent ensemble une fête d'anniversaire ou de Noël, par exemple. L'appartenance à une famille est indispensable pour qu'un enfant apprenne à se consacrer à un corps ou à un groupe plus grand que lui-même. Ayant servi avec fidélité sa famille, il saura un jour servir avec fidélité son pays, son église, son usine...

Peu de gens s'arrêtent à penser au sens véritable de la famille et à son rôle unique dans la formation de la personne. L'enfant qui naît égoïste, centré sur ses besoins, va, au sein d'une famille, apprendre peu à peu à être sevré de lui-même, et alors qu'il est éduqué à ne pas faire de bruit parce que papa dort ou à essuyer ses pieds avant de rentrer parce que maman vient de laver le plancher ou à ne pas manger toutes les cerises parce qu'il faut en laisser pour ses frères et sœurs, il se met à comprendre qu'il n'est pas le seul être humain sur cette terre. Alors qu'il commence à tenir compte du bien-être des autres et pas seulement du sien, il découvre le plus grand secret du véritable bonheur, il découvre que vivre c'est servir, car, c'est un fait irréfutable, il y a plus de bonheur à donner qu'à recevoir.

Maintenant que peut faire un enfant qui, au moment où il commence à désirer se consacrer à sa famille et à la servir, la voit tomber en pièces par l'effet d'un divorce (ou d'une guerre froide)? Un enfant a soif de camaraderie franche au sein de sa famille. Il a besoin de se sentir comme faisant partie d'une équipe ayant un but commun. Il a besoin de vivre l'esprit de famille et d'en sentir toute la force. Oui, que va pouvoir faire cet enfant, sinon se retourner à nouveau sur lui-même? Or l'enfant qui fait du moi le centre de sa vie, va automatiquement trouver très difficile, sinon impossible, de partager quoi que ce soit avec les autres ou de se sacrifier pour les autres. Grandir, mûrir, devenir adulte, c'est s'éloigner de plus en plus profondément et radicalement du moi et de ses désirs tyranniques, pour se rapprocher de plus en plus des autres et de leurs besoins urgents. Lorsque la famille est divisée, peu importe comment, elle bloque le développement social de l'enfant qui ne peut s'empêcher de raisonner ainsi: « Papa et maman ont brisé leur engagement, ils ont piétiné leurs vœux, ils ont cessé de se consacrer à moi, pourquoi devrais-je me consacrer à eux? »

De plus, l'enfant qui a vu un de ses parents partir se met aussi à craindre le départ de l'autre et pour ne pas souffrir plus, il va souvent décider immédiatement de ne pas s'impliquer dans sa famille qui reste. La manifestation la plus évidente de cette décision sera de l'hostilité et un langage blessant envers elle.

Par contre, beaucoup d'enfants n'expriment que des mauvaises choses envers leur famille, tout simplement parce que c'est ainsi qu'ils ont appris à se comporter. Ils ont été les témoins de tant d'hostilité et de tant d'abus verbaux entre leurs parents qu'ils ne peuvent faire autrement que de répéter leur conduite. Crier, se moquer, se dénigrer, se mépriser, semble être une façon acceptable de s'exprimer au sein de leur famille. Souvent ces enfants craignent véritablement d'être aimables et agréables parce que dans leur environnement familial hostile, cela peut être considéré comme une faiblesse ou pire, être ridiculisé ou même méchamment exploité. C'est ainsi que chaque fois que l'enfant ouvrira la bouche, ce ne sera que pour dire des mots blessants et volontairement humiliants.

Le fait de comprendre que l'hostilité que l'enfant manifeste envers sa famille et plus particulièrement ses frères et sœurs, est le résultat d'un apprentissage, est très encourageant pour le parent seul. En effet, tout ce qui a été appris peut être désappris, et c'est au parent maintenant seul, d'entreprendre cette tâche immense mais urgente.

Il y a des années nous avions à Sheridan House, un parent qui avait une philosophie de base pour s'occuper des enfants très renfrognés et hostiles envers les autres. Ces enfants alors qu'ils se retrouvaient pour la première fois dans notre maison, agissaient comme s'ils étaient absolument incapables de dire quoi que ce soit de gentil à qui que ce soit. Nous comprenions que ces enfants se sentaient si mal dans leur peau qu'ils essayaient de rendre tout le monde aussi misérable qu'eux par leurs commentaires arrogants. Ce père faisait alors une réunion de conseil avec les enfants qui résidaient depuis un certain temps déjà dans notre maison et il leur disait: « Il faut absolument aider ce nouvel enfant. Dites-moi, quelle est la seule et unique façon de déjouer toutes ces mauvaises choses qu'il vous dit? »

Ces enfants avaient vécu suffisamment longtemps avec cet homme pour connaître la réponse exacte à sa question et ils répondaient tous à l'unisson: « Tuons-le avec de l'amour et de la bonté, Papi ». Et ce parent appelé Papi, ajoutait: « C'est exact. Peu importe ce qu'il vous dit, ne tombez pas dans le panneau. Répondez à ses méchancetés par de la gentillesse. »

Tous les enfants utilisaient alors la tactique de la bonté avec ce nouvel enfant, et certains d'entre eux étaient capables de la maintenir pendant longtemps.

Le plus beau cependant, était d'observer ce père dans ses rapports avec ces enfants désagréables: Jamais, mais jamais il ne se laissait provoquer par leurs dénigrements. Certains, bien que cet homme s'occupât très soigneusement de sa maison, ne cessaient de la critiquer et souvent leurs réflexions étaient vraiment méchantes. Papi ne répliquait pas, mais il arrivait toujours à dire un mot d'encouragement. Certes, il n'acceptait pas de la part de ces enfants une mauvaise conduite, mais il leur laissait bien comprendre qu'il était convaincu qu'ils avaient chacun de bonnes qualités. Et... qu'en pensez-vous? Oui, certains enfants étaient beaucoup plus rébarbatifs que d'autres, plus durs à cuire, mais cet homme réussissait toujours à les gagner tôt ou tard.

Cet exemple peut être suivi par le parent seul qui en retirera les mêmes bénéfices. Bientôt ses enfants apprendront eux aussi, à exprimer de bonnes choses sur leurs frères et sœurs. Rappelez-vous qu'un enfant n'est qu'un miroir et qu'il reflète toujours l'image qu'il reçoit...

Ainsi le parent qui a à cœur ses enfants, prendra lui-même l'initiative, et il pourra exploiter l'heure des repas, pour commencer à dire des choses agréables et gentilles à chacun d'eux alors qu'ils sont tous réunis pour les entendre. Par exemple, il pourra dire comme ceci: « Fernand, cela m'a fait plaisir que tu m'aides ce soir à mettre la table. » L'enfant répondra certainement: « Tout ce que j'ai fait, c'est mettre les serviettes. » À quoi le parent pourra répondre: « Ce petit peu me permet d'en faire plus. Merci d'avoir pris le temps de m'aider. »

Si le parent prend le temps de saisir chaque occasion de dire quelque chose d'agréable (parfois cela sera difficile et il faudra vraiment s'efforcer de le faire), ce sera le commencement d'une vie nouvelle. L'enfant insensiblement, cherchera à se rapprocher de sa famille pour trouver des moyens qui lui permettront d'entendre à son sujet d'autres bonnes paroles...

Allons! n'est-ce pas pénible de vivre dans une société qui n'a que du mal à dire de tout le monde et pour qui les mauvaises nouvelles font les nouvelles? Pourtant, malgré cet engouement pour le sensationalisme et les calomnies, les seules personnes vraiment aimées sont encore celles qui savent dire du bien de leur prochain. Le parent seul doit devenir une personne aux lèvres aimables et cela en dépit de toutes les mauvaises choses qui sautent à ses yeux et qu'il pourrait sans peine monter en épingle. Dire le mal, le répéter, l'écouter, le colporter n'a jamais amélioré aucune situation familiale ou autre. Par contre cela, plus que les guerres, a divisé, brisé, tué des millions d'individus et de familles. C'est pourquoi, pour le bien de son enfant, par respect pour son développement mental et pour le favoriser, le parent seul doit prendre la décision de se concentrer sur les bonnes choses de la vie. Les enfants alors, tôt ou tard, l'imiteront. Le simple fait d'avoir un toit sur la tête et de la nourriture sur la table, est une bénédiction pour laquelle peu de gens dans notre société occidentale, sont reconnaissants. Pourtant, une grande partie de notre monde n'est pas aussi choyée...

Par-dessus tout, en devenant aimable, le parent permettra à l'enfant de réaliser que sa famille bien que boiteuse, existe encore. Dire merci est une très grande puissance en faveur du bonheur, de la santé et de l'équilibre d'un individu, d'une famille, d'une église, d'une société. Pourquoi se priver de la force que contient ce tout petit mot: merci? La gratitude, ce sentiment qui nous amène à avoir de l'affection et du respect pour ceux qui nous ont fait une fois du bien, est de tous les sentiments humains le plus noble, le plus rare, le plus doux. Malgré le divorce, malgré les pertes matérielles et autres, le parent seul et ses enfants peuvent encore dire merci pour une foule de choses. Se le rappeler peut changer complètement leur vie et faire de leur famille un petit havre de bonheur.

Il arrive que les enfants aimeraient bien dire des choses agréables, mais ils ne savent pas comment s'y prendre. Cela fait souvent très longtemps que rien de bon n'est sorti de leur bouche et ils pensent que s'ils le faisaient maintenant, on se moquerait d'eux. Dans de telles situations, le parent lui-même doit conduire le dialogue de manière à placer les mots dans la bouche de l'enfant en difficulté. Voici comment:

Le parent: « Jacques, as-tu remarqué que ta sœur Sophie a fait ton dessert favori, ce soir? N'est-il pas délicieux? »

Oui, les enfants, par manque de pratique, peuvent être complètement perdus et incapables de s'exprimer aimablement. Il faut les aider. Jacques probablement rétorquera: « C'est elle qui l'a fait? Malheur! Je suis empoisonné! » Naturellement, vous avez besoin de rester calme et de répondre avec amour et humour.

Le parent: « Je suis d'accord avec toi. Ce gâteau goûte même si mauvais que je vais en reprendre un autre morceau. Veux-tu encore de ce gâteau empoisonné? »

En fin de compte, l'enfant ainsi exposé à des commentaires positifs saisira à son tour l'occasion de risquer de dire quelque chose d'agréable. Il s'exclamera probablement: « Oui, quel bon gâteau! »

Parents, ce que je veux que vous compreniez, c'est que, aussi triste que cela paraisse, il y a un grand nombre d'enfants qui ont une si piètre opinion d'eux-mêmes, qui se sentent tellement misérables et sans valeur aucune, qu'il faut leur tendre la main. Il faut mettre dans leur bouche un chant nouveau.

Il y a déjà près de deux millénaires, certaines personnes instruites ont demandé à Jésus quel était le plus grand commandement. Il leur a répondu qu'il y avait deux grands commandements: « Aime ton Dieu suprêmement et aime ton prochain comme toi-même. » Pourtant, il ne faut pas beaucoup d'introspection pour se rendre compte que ces sentiments ne sont pas naturels au cœur de l'homme et qu'ils ne peuvent y habiter que si Dieu Lui-même les y place. Heureusement qu'Il a dit: « Demandez et l'on vous donnera. »

L'enfant, pas plus que l'adulte, n'aime spontanément. Il a besoin tout comme lui, de se rendre compte de la sécheresse de son cœur, ce que l'amènera à désirer aimer... et comme l'amour est un principe et non un sentiment, l'enfant pourra être éduqué à aimer plutôt qu'à se retourner sur lui-même et à ne penser qu'à lui. C'est pourquoi le parent a le devoir d'entraîner ses enfants à se manifester les uns envers les autres de l'affection par des actes de gentillesse.

Pourquoi ne pas rappeler à Jacques que la bicyclette de Sophie a besoin d'être réparée ou lui suggérer de l'aider à faire à manger? (Il aimera beaucoup cela quoiqu'il cherchera à le cacher soigneusement.) Lorsque ces actes d'affection auront été accomplis, le parent devra encourager Sophie à exprimer sa reconnaissance.

> *Le parent*: — Alors, Sophie, qu'est-ce que tu penses de tout ce travail que ton frère a fait pour toi?

> *Sophie*: — Merci, Jacques, cela m'a vraiment fait plaisir.

> *Le parent*: — Pourquoi penses-tu que Jacques a fait cela?

> *Sophie*: — Je n'en sais rien.

> *Le parent*: — Moi, je crois que c'est parce qu'il t'aime.

Naturellement ce genre de conversation devrait avoir lieu alors que toutes les personnes concernées sont présentes. Parent, rappelez-vous qu'un enfant est un être éducable qui a besoin d'être éduqué. Il ne fera jamais quoi que ce soit de bon spontanément. Seul un entraînement patient et prolongé le transformera en un adulte agréable et aimable. Il y a aussi les anniversaires et les fêtes qui procurent des occasions au cours desquelles les enfants peuvent apprendre à faire des choses les uns pour les autres et à exprimer ainsi leur amour. Lorsque c'est l'anniversaire de l'un, l'autre peut prendre soin des préparatifs et vice versa. Ces gestes se graveront dans l'esprit de vos enfants qui peu à peu développeront un esprit fraternel très fort. Ils comprendront bientôt qu'avoir un frère ou une sœur est un grand privilège. Ils se sentiront en sécurité. Ils se sauront aimés.

Le parent seul doit pouvoir pousser son éducation un pas plus loin. Il devrait non seulement amener ses enfants à faire de bonnes choses les uns pour les autres, mais il devrait aussi les amener à exprimer les sentiments qu'ils ressentent alors qu'ils font du bien ou en sont les bénéficiaires.

Le parent: — Sophie, qu'as-tu ressenti lorsque tu as vu ce que Jacques a fait pour toi?

Sophie: — Ça m'a fait plaisir.

Le parent: — Pourquoi penses-tu que Jacques a fait cela pour toi?

Sophie: — Oh! c'est parce qu'il doit m'aimer.

Le parent: — Est-ce vrai, Jacques? Tu as fait cela pour ta sœur parce que tu l'aimes?

Jacques: — Oui.

L'importance de ces conversations entre frères et sœurs, même si elles doivent être montées de toutes pièces par le parent, est très grande. Peu à peu, les enfants abaisseront leurs défenses, ils se tourneront vers les autres et ils découvriront le bonheur qu'il y a à penser à eux et à s'occuper de les rendre heureux. Faire et dire des choses agréables deviendront des actes habituels.

L'enfant d'un parent seul qui a pris consciemment ou inconsciemment la décision de prendre ses distances face à sa famille et ce pour l'une ou l'autre des raisons déjà citées, trouvera très dur de laisser tomber son masque et de devenir à nouveau un membre affectueux de la famille.

Le démembrement de sa famille et tous les rêves qu'il a fait sur ce qu'elle devrait ou aurait dû être, lui ont causé suffisamment de souffrances. Il ne veut plus risquer d'avoir encore mal. Son détachement volontaire et son égoïsme sont ses défenses. Il se dit que s'il peut être suffisamment désagréable, sa famille l'abandonnera et ne cherchera pas à l'intégrer dans ses activités. C'est ainsi qu'il s'enferme dans sa chambre la porte verrouillée et qu'il y reste — au figuré — même quand il en sort.

Ce genre de fortifications ne peut pas être démoli sans beaucoup de difficultés, de patience et d'encouragement. Oui, l'encouragement est un ingrédient indispensable d'une éducation à la bonté. Le parent ne devrait jamais laisser passer la moindre occasion de dire quelque chose d'encourageant à son enfant chaque fois qu'il se risque à sortir le nez de « sa chambre ». Reprenons notre exemple.

> *Le parent*: — Jacques, j'ai vraiment été heureuse de t'entendre complimenter ta sœur pour son repas, ce soir. Cela lui a fait bien et à moi aussi. Merci beaucoup.

Jacques s'est probablement senti très gauche alors qu'il disait quelque chose d'agréable à sa sœur et puis, probablement, elle n'a pas manifesté combien cela lui avait fait plaisir. C'est donc au parent de dire à Jacques combien ses compliments ont été appréciés. Beaucoup d'enfants ne savent même pas montrer leur joie et alors qu'on s'occupe d'eux, qu'on les félicite, qu'on les encourage, qu'on leur procure un bonheur réel, ils restent froids, renfrognés, impassibles. Cela peut être frustrant pour le parent et risque de l'amener à croire qu'il perd son temps. J'aimerais pourtant vous raconter une expérience qui vous démontrera que cela est faux.

Alors que j'acceptais le poste de directeur de Sheridan House, je savais déjà qu'il était très important d'encourager ces enfants. C'est ainsi que chaque fois qu'un d'entre eux faisait quelque chose de bien, je le remarquais et je le félicitais à haute voix, puis je le faisais aussi par écrit. J'avais à cette fin, toujours sur moi, un petit calepin à feuilles détachables jaunes. Donc, quand je voyais un enfant dire ou faire quelque chose de bien, je lui disais immédiatement: « C'est gentil à toi, Paul, de dire cela. » Puis pour l'encourager encore plus, j'écrivais un petit mot sur une feuille jaune de mon calepin que je pliais et plaçais sur son oreiller. Le mot pouvait être rédigé ainsi: « Hier soir au repas, j'ai vraiment été touché par la façon dont tu as félicité Jean pour ses bonnes notes à l'école. Merci d'avoir été

encourageant. En continuant à dire des choses sem-
blables, tu bâtiras notre famille. Merci. » Paul trou-
verait ce petit mot en rentrant de l'école. Nos enfants
avaient si rarement entendu dire de bonnes choses à
leur sujet que je croyais qu'il était très important qu'ils
puissent, non seulement en entendre, mais aussi en
lire.

J'écrivais ces petits mots régulièrement et pendant plusieurs mois, je n'en reçus jamais un seul com-
mentaire. Il faut que j'avoue n'avoir eu à ce sujet aucun
encouragement et bien que j'eusse observer un changement dans le comportement de nombreux garçons,
je me mis à penser que tout cela était inutile et quelques mois plus tard, je cessai d'écrire mes encouragements, me contentant de les faire tout simplement
verbalement.

Pas trop longtemps après cet arrêt, un de nos garçons se prépara à rentrer chez lui. J'étais avec lui dans
sa chambre pour l'aider à faire ses bagages. Il avait
presque fini de mettre tous ses vêtements dans sa
valise, lorsqu'il ouvrit un tiroir et en retira, tout au
fond, une pile de petits mots jaunes bien placés les uns
sur les autres. Cet enfant avait conservé chacun de ces
mots comme s'ils étaient des médailles prouvant qu'il
était une bonne personne et maintenant, il les amenait
avec lui dans son foyer. Il faut que j'avoue que j'eus de
la difficulté à retenir mes larmes.

La grande majorité des enfants sont assoiffés d'encouragement, et des mots dits à propos et des billets
placés sur leur lit ou ailleurs sont les preuves dont ils
ont absolument besoin pour qu'ils croient qu'ils en sont
dignes. Ce garçon n'était pas encore assez sûr de lui-
même pour dire merci. Malheureusement, moi je
n'étais pas encore assez adulte pour continuer à faire
ce que je savais être juste sans recevoir d'encouragement moi-même.

Il est trop facile, trop courant de dire des choses
désagréables à un enfant. Dans de telles circonstances, il ne faut pas longtemps pour qu'il se renferme
dans sa coquille et cesse lui-même de dire ou de faire

des choses gentilles pour sa famille. Naturellement, à ce moment-là, le parent aura encore plus de difficultés à trouver à dire des mots d'encouragement à son enfant. Bientôt le parent et l'enfant se retrouvent dans une spirale descendante qu'il est du devoir du parent de briser. Un enfant de parent seul a désespérément besoin d'encouragement et il boira avec avidité le moindre mot, le plus petit geste d'approbation qu'il pourra glaner. Et alors que le parent se met à l'encourager, il pourra bientôt constater que son enfant sort de son cocon et se tourne à nouveau vers les autres membres de sa famille.

Cela va cependant prendre du temps, je dois le répéter. Ne perdez pas patience mais donnez sans faillir le bon exemple.

14

La discipline

J'ai appris mes plus grandes leçons au sujet de la discipline lorsque je suis arrivé à Sheridan House. À cette époque, cette institution ne consistait qu'en une seule maison abritant une douzaine de garçons de 12 à 16 ans qui venaient principalement de foyers monoparentaux. Cela ne faisait que quelques années que j'avais terminé mes études et je fus engagé comme le nouveau directeur. Dans mes plans de travail, je me voyais placer mes diplômes sur les murs de mon bureau, mettre en ordre et à la portée de ma main tous mes manuels puis conseiller les garçons! Mais Dieu avait d'autres plans pour moi.

Peu de temps après que j'aie terminé d'installer ma bibliothèque, les parents en charge de la maison des garçons vinrent m'annoncer qu'ils me donnaient leur démission. Ce fut mon premier choc. Le deuxième choc vint lorsque je réalisai que je ne pouvais compter sur personne pour prendre leur place pendant les 45 jours qui devaient s'écouler jusqu'à ce que leurs remplaçants soient disponibles. Je veux dire qu'il n'y avait personne, excepté moi, Robert Barnes.

Après m'être un tant soit peu remis de mon choc, je déménageai dans la maison des garçons avec la faible confiance qu'après tout j'avais été à l'école et que j'avais lu tous les livres disponibles sur le sujet. Je me disais que tout ce qu'il y avait à faire c'était d'ouvrir les voies de communication avec les garçons et d'être très, très encourageant envers eux. Je sais aujourd'hui combien j'avais besoin de ces 45 jours d'expérience!

Le deuxième soir que je passais dans la maison, les garçons regardaient la télévision et je leur dis: « Je veux que la télévision soit éteinte à 21 heures et que vous alliez tous au lit. » Après avoir fait cette déclaration, je sortis du salon et me retirai dans une autre pièce pour lire. Je me disais que tous avaient bien compris mes souhaits. À 21 h 10, j'entendis un drôle de bruit en provenance du salon. Je décidai, pour dire vrai j'espérai que tous les garçons étaient allés se coucher mais qu'ils avaient oublié d'éteindre la télévision. Alors que j'entrais dans le salon, mes yeux rencontrèrent plusieurs paires d'yeux très anxieux. Certains garçons avaient obéi à mes ordres mais d'autres étaient encore debout. Leur expression ne me permettait pas de croire qu'ils ne m'avaient pas compris. Ils savaient exactement ce que j'avais demandé mais ils ne pensaient pas que j'étais sérieux. Je fus plutôt déconcerté et je les chassai au lit.

Vingt minutes plus tard, les garçons étaient sous leurs couvertures et toute la maison silencieuse. Je retournai à ma lecture plutôt perplexe par le fait que j'avais eu si peu d'autorité dans cette situation particulière, mais j'étais heureux que ça soit fini. Alors que je réfléchissais à tout cela, un bruit familier frappa à nouveau mes oreilles. La télévision était à nouveau allumée et le son était juste assez fort pour que toute la maison sache ce qui se passait.

J'entrai dans le salon espérant que cet appareil ait un problème et imaginant qu'il s'était remis en marche tout seul... Mais mes illusions furent immédiatement anéanties. Là, juste devant l'écran se tenait un petit garçon de 13 ans, très renfrogné, nommé Al. C'était un des garçons qui résidait à Sheridan House, depuis le plus longtemps.

Mon premier geste fut de fermer la télévision. À quoi Al portesta violemment: « Hé! qu'est-ce que vous faites? J'étais en train de regarder ça. » Ce fut pour moi le moment le plus critique de tout mon séjour dans cette maison. Je demandai à Al s'il m'avait bien entendu dire que personne ne devait plus se lever, bien que je sus pertinemment qu'il avait fort bien entendu. Il me répondit qu'il voulait voir quelque chose et en me disant cela, Al me regarda droit dans les yeux comme s'il me disait en réalité: « Qui est le maître ici, vous ou moi? » Sa rébellion ouverte était en fait un moyen de tester mon engagement envers ces garçons et leur foyer.

Sans trop savoir ce que je ferai, je lui dis: « Al, viens avec moi. » Rien, mais absolument rien dans tout mon apprentissage ne m'avait préparé pour ce genre de problème. Tout ce que je savais c'est que la décision que je prendrais à ce moment-là, proclamerait non seulement à Al mais à tous les garçons, si oui ou non, la rébellion serait une forme acceptable de comportement.

Nous allâmes dans mon bureau et nous nous regardâmes l'un l'autre. Je lui dis qu'il avait volontairement désobéi à mon commandement. Il l'admit. Puis je lui annonçai que la conséquence de la rébellion était une correction. Il essaya d'avoir l'air offusqué et il essaya même d'argumenter. Je lui répondis qu'en choisissant de se rebeller contre l'autorité de cette maison, il avait aussi choisi d'en accepter la conséquence. Puis, après que les pleurs furent passés, nous nous asseyâmes tous les deux sur le divan et nous parlâmes ensemble. Maintenant que les limites d'une conduite appropriée et acceptable avaient été établies, nous pouvions commencer sur un bon pied notre relation.

Attention! Une correction ne doit jamais être un moyen de passer sa colère sur un enfant. Il faut punir un enfant quand lui en a besoin et non pas quand les parents ont besoin de se défouler.

Al, rebelle, reçut une correction. Elle atteignit son but: Il se mit à pleurer parce qu'il était enfin soulagé que cette lutte pour le pouvoir soit terminée. Les pleurs provoqués par la correction soulagent l'enfant rebelle qui se détend et baisse les armes.

La correction fut administrée après la rébellion.
J'aurais pu dire: « Il est trop tard pour s'occuper de
ça, Al. Va au lit et demain je te donnerai ta fessée. »
J'en eus l'idée, mais cela aurait permis à Al d'aller se
coucher encore plus frustré et anxieux que jamais. En
agissant immédiatement, il n'eut pas le temps de se
faire du mauvais sang.

La rébellion avait soulevé une vague d'insécurité
et de peur dans toute la maison. Tous les garçons se
demandaient si ce nouveau « père », Mr Barnes, serait
capable de ramener la stabilité dans leur structure familiale, et la seule façon d'avoir une réponse était de
me tester. La rébellion est en fait un appel au secours.
Il faut s'en occuper immédiatement car si on lui laisse
libre cours, elle devient la source de terribles malheurs. Il y a dans la Bible à ce sujet, une mise en garde
sérieuse. Il est dit: « Car la désobéissance est aussi
coupable que la divination (la sorcellerie) et la résis-
tance ne l'est pas moins que l'idolatrie[1]. »

Le lendemain de cet événement traumatisant pour
moi, je réveillai les garçons à l'heure habituelle, et à
ma grande surprise, je les vis se lever dès le premier
appel. Le matin précédent, il avait fallu que je les appelle à plusieurs reprises. Ce matin-là, ils étaient debout, habillés et à table pour le petit déjeuner, en un
rien de temps. Plus, ils étaient tous de bonne humeur
comme je ne les avais pas encore vus. C'était comme
si l'insécurité et l'appréhension étaient terminées. Il y
avait maintenant des limites précises à leur vie et ils
sentaient qu'ils auraient beaucoup de joies à s'ébattre
à l'intérieur de celles-ci. Pour me surprendre encore
plus, Al fut mon aide et nous eûmes, ce jour-là, beaucoup de plaisir ensemble. Nous venions tous, les
garçons et moi-même, d'apprendre une leçon
extraordinaire: les enfants sont beaucoup plus en sécurité quand ils se sentent protégés par une structure
érigée, non pour accommoder le parent, mais pour assurer sa croissance et son développement harmonieux.

Plus tard, je pris conscience que ces garçons
avaient besoin de connaître les limites précises de
leurs droits et devoirs dans cette maison. Quand un

enfant connaît les règles à suivre, il peut s'épanouir à chaque geste car il sait si ce qu'il fait est bien ou mal. En connaissant les règles, un enfant devient libre de choisir de faire le bien ou le mal et dans ce dernier cas, il choisit lui-même d'en porter la conséquence.

Naturellement, je ne vous ai pas raconté cette expérience pour vous faire croire qu'une seule correction peut, dans tous les cas, guérir un esprit rebelle. Beaucoup d'enfants jettent régulièrement un défi à l'autorité de leurs parents. Ceux-ci ne devraient jamais les décevoir. Pour cela, le parent seul a besoin d'ériger un plan d'action pour son foyer.

Beaucoup de parents seuls savent fort bien qu'ils ont besoin de discipliner leurs enfants d'une façon ou d'une autre, mais les choses ont souvent tellement dégénéré, qu'ils ne savent plus quoi faire. Il y a dans de nombreux foyers monoparentaux, une lutte pour le pouvoir entre le parent et son enfant. Le parent cherche alors à établir pour lui-même un plan d'action, mais sans y penser vraiment sérieusement, et dès que l'enfant brave son autorité, il change d'idée ou rend les armes.

Il faut donc tout d'abord, alors qu'il cherche à structurer son foyer, que le parent décide quels sont les problèmes qu'il faut régler et comment il va les régler pour le plus grand bien de l'enfant. Le parent doit décider quelles sont les règles qu'il doit établir afin que l'enfant y obéisse et celles-ci doivent être aussi claires et précises que possible afin qu'il puisse les comprendre sans aucune possibilité d'erreur. Une fois qu'une règle est établie — il faut qu'elle soit suffisamment importante pour qu'elle vaille la peine d'être poursuivie —, le parent doit aussi décider quelles seront les conséquences de son effraction et éventuellement aussi quelle sera la récompense pour sa bonne observation.

Comment établir quelle sera la peine pour la violation volontaire d'une loi établie par le parent dans son foyer? Le parent seul peut en discuter avec un autre parent. Il peut aussi en parler à son enfant et lui demander qu'il établisse lui-même quelles seront les punitions appropriées à chaque désobéissance. Attention cependant, car certains enfants, à leur insu, proposent des châtiments trop durs.

Le parent seul doit se rappeler que les meilleures punitions sont celles qui sont logiques et en rapport avec l'effraction en question. Il m'arrive souvent de recevoir des parents seuls qui me disent qu'ils ont beaucoup de difficultés à mettre leurs enfants au lit à l'heure, et le matin, naturellement, ils ont encore plus de difficultés à les faire lever. Nous pouvons prendre cette situation comme un exemple pour voir comment on peut amener des enfants à supporter les conséquences de leurs actes.

Je demande toujours en premier lieu à ces parents: « Qui est responsable pour que l'enfant se lève à l'heure, le matin? » En général, on me répond: « Eh! bien, c'est sa responsabilité de se lever. Je ne fais que l'appeler. » Je dis alors: « Oh! vous ne faites que l'appeler une seule fois et puis vous le laissez se lever sans autre? » « Non, dit le parent, je ne cesse d'aller dans sa chambre et de l'appeler jusqu'à ce que je crie suffisamment fort pour qu'il comprenne que c'est sérieux. »

Il est clair, je pense, que dans une telle situation, l'enfant n'a pas encore reçu la responsabilité de se lever à l'heure. C'est le parent seul qui a pris la responsabilité de retourner dans sa chambre suffisamment de fois jusqu'à ce que l'enfant, à cause des cris et des hurlements du parent, soit tellement inconfortable, qu'il se lève. Vous voyez, il ne prend aucune responsabilité. Elle repose tout entière sur le parent.

Quelle est la conséquence logique d'une telle situation? Quelle est la punition particulière que le parent seul a institué lorsque l'enfant ne se lève pas de lui-même? Personne ne peut le savoir car le parent n'a pas donné ce choix à l'enfant. Tout ce qu'il fait, c'est crier jusqu'à ce que tous les deux soient de mauvaise humeur et que l'enfant sorte finalement du lit pour échapper à tant de bruit.

La première étape alors consiste à placer la responsabilité sur celui qui doit la prendre, l'enfant. Le parent doit établir cette règle puis se retirer de la scène autant que possible afin que l'enfant se retrouve non face au parent, mais face à la règle. Puis il faut déterminer quelle sera la conséquence de la violation de cette règle. Cela évitera au parent de sermonner sans cesse l'enfant. Une conséquence logique serait d'envoyer l'enfant au lit plus tôt. S'il se couche à 21 heures chaque soir et trouve quand même difficile le lever le matin, le parent peut en conclure qu'il a besoin de plus de sommeil. Naturellement, cela peut ne pas être la véritable raison de la paresse du matin, mais se coucher tôt, pour un enfant, est une punition très sévère. Je ne comprends pas encore pourquoi, mais les enfants détestent se coucher tôt!

Maintenant pour que l'enfant comprenne bien qu'il reçoit la responsabilité de se lever le matin, le parent doit lui expliquer en détail et la règle et la punition qui suivra si elle est brisée. Voici un exemple de conversation sur ce sujet.

Le parent: — Voilà maintenant un certain temps que toi et moi avons de la difficulté tous les matins; alors j'ai décidé d'essayer un plan qui va nous aider tous les deux. Ce plan m'aidera à ne pas m'énerver et à ne pas crier contre toi, lorsque tu restes au lit après que je t'aie appelé. Je vais placer toute la responsabilité de cette affaire sur tes épaules, parce que je pense que tu es assez vieux pour la prendre.

Voilà comment ce plan marche. Tu vas continuer à te coucher à 21 heures et le lendemain, je ne t'appellerai qu'une seule fois. Comprends-le bien: Je ne reviendrai pas dans ta chambre pour te secouer. Si tu n'es pas habillé et à table à 7 heures, alors j'en concluerai que tu n'as pas assez dormi la veille et ce soir-là, tu te coucheras à 20 heures.

Par contre si tu te lèves dès que je t'appelle, tu pourras à nouveau te coucher à 21 heures, et si pendant une semaine entière tu te lèves sans faire d'histoires et que tu es à table à 7 heures après que je ne t'aie appelé qu'une seule fois, on discutera de la possibilité pour toi de rester debout jusqu'à 21 h 30, la semaine suivante. Cela durera tant que tu prendras la responsabilité de te lever en temps.

Rappelle-toi bien: C'est maintenant ta responsabilité. Je ne t'appellerai pas huit fois ni même deux fois. Est-ce bien clair?

L'enfant: — Oui.

Le parent: — Bon, qui décide de ton heure de coucher?

L'enfant: — Toi.

Le parent: — Non, c'est toi. C'est toi qui décide si tu te couches à 20 h, 21 h ou 21 h 30 par la façon dont tu assumes ta responsabilité de te lever à l'heure.

Naturellement, une fois que le message a été clairement donné et compris par l'enfant, le parent doit résister à la tentation de retourner en arrière et d'assumer à nouveau la responsabilité d'appeler l'enfant à plusieurs reprises.

Ainsi le poids de la responsabilité doit absolument reposer sur les épaules de l'enfant, mais le parent seul doit être conséquent et tenir sa parole. Si l'enfant brise une règle, et vous pouvez être sûr qu'il le fera juste pour voir votre réaction, le parent doit en appliquer les conséquences. Ce n'est que dans la mesure où chaque fois qu'une règle sera brisée et qu'il en subira chaque fois les conséquences, que l'enfant va comprendre que cela est sérieux.

Oui, il va se mettre à réaliser qu'il se punit lui-même et qu'il est en train de s'opposer aux règles et non à son parent. Il va se rendre compte qu'en choisissant de désobéir, il a aussi choisi d'être puni. L'enfant doit se sentir responsable de ses actes. Cela ne peut venir que dans la mesure où toute désobéissance sera toujours suivie d'une correction appropriée. C'est une règle absolue.

Il arrive qu'un parent seul débordé par le travail et les responsabilités, ne pense pas à appliquer cette règle d'une manière conséquente. Très vite alors, l'enfant comprendra qu'il n'a pas à faire à des règles mais plutôt aux fantaisies et aux humeurs de son parent. Il va comprendre que s'il rouspète assez longtemps et suffisamment fort, il pourra le faire changer d'idée. Évidemment, dans de telles circonstances, l'enfant n'apprendra pas à prendre de responsabilités mais plutôt à devenir maître dans l'art de rendre son parent surmené suffisamment misérable pour qu'il cède à ses désirs.

Ce genre d'inconséquence est injuste pour l'enfant et il n'amène pas la paix dans le foyer. Les enfants sont beaucoup plus détendus et heureux lorsqu'ils connaissent les règles de la maison et qu'ils savent qu'elles seront appliquées en tout temps. Le parent doit prendre à cœur sa responsabilité de faire respecter les règles et cela sans jamais aucune exception, pour que l'enfant puisse devenir responsable de sa conduite.

Il est très important de choisir des corrections qui soient appropriées à la désobéissance mais aussi à l'âge de l'enfant. Il ne faudrait jamais punir un enfant pour des bêtises enfantines. Une correction sévère peut être très efficace en cas de rébellion mais certainement pas pour avoir renversé de la soupe ou avoir fait pipi au lit.

Une fois la punition donnée, il est très important que l'enfant sache qu'il a été pardonné. L'incident fâcheux ne devrait plus jamais être remis sur le tapis. Soyez juste: L'enfant en a payé le prix. Il est inutile de le rabâcher. Il faut aussi que l'enfant comprenne qu'il a été puni parce qu'il est aimé. Cela est la responsabilité du parent qui doit dire et redire à l'enfant qu'il l'aime suffisamment pour désirer qu'il devienne une meilleure personne. L'enfant doit parvenir à la compréhension que c'est sa conduite inacceptable qui est condamnée, et non pas lui en tant que personne.

C'est pourquoi il est encore plus important, une fois la punition administrée, que le parent passe du temps avec son enfant pour le rassurer sur son amour pour lui. Il n'y a rien de plus doux pour effacer des larmes qu'une grosse bise, une caresse sur le front, un sourire, une accolade chaude et sympathique: « Allons, mon grand, ça va mieux. Maman (ou Papa) t'aime. Ne t'inquiète pas. La prochaine fois, tu y penseras. » Ce genre d'encouragement fait partie de l'éducation que l'on donne à un enfant. Il est aussi indispensable que la punition et si le parent sait y faire, l'encouragement sera souvent la partie la plus efficace du châtiment. L'enfant se sentant aimé en dépit de sa méchanceté, va avoir le désir d'être obéissant parce qu'il veut aimer à son tour. Oh! lorsque le parent peut par sa fermeté et sa tendresse arriver à susciter un tel sentiment chez son enfant, il a réussi l'œuvre de sa vie: amener son enfant, ce précieux don, à vouloir faire le bien non par peur du châtiment, mais par amour pour lui. Jésus a dit: « Si vous m'aimez, gardez mes commandements[2]. » Vouloir obéir parce qu'on aime... Quel miracle! N'est-ce pas là la seule forme libre d'obéissance?

Quelques mots d'avertissements

Le martyre d'enfants est une réalité honteuse dans notre société stressée et malade. Beaucoup de parents, de peur d'esquinter leurs enfants, n'osent même pas les reprendre. C'est pourquoi le parent seul, pour ne pas tomber dans ces extrêmes, doit absolument établir un plan de discipline et s'y tenir. Sans plan, il sera ou trop mou ou beaucoup trop sévère car il punira sous le coup de la colère et non dans un désir sincère d'éduquer son enfant. Par exemple, dire à un enfant qu'il va être privé de sortir pendant trois mois est non seulement trop dur, mais c'est surtout impossible à maintenir et rapidement le parent perdra toute dignité et toute autorité face à son enfant qui n'apprendra jamais à supporter les conséquences de ses actes.

Le parent doit, avant de faire le moindre geste disciplinaire, comprendre que le but de cette activité est non d'humilier l'enfant ni de « lui faire payer ça », mais bien de l'éduquer à comprendre que, d'une part, toute mauvaise action entraîne des conséquences désagréables et que, d'autre part, il est aimé en dépit de sa mauvaise conduite. Un enfant doit absolument savoir qu'il est aimé et que seule sa mauvaise conduite est détestée. La discipline sans amour manifesté est une forme d'abus grave qui mène tôt ou tard à la révolte.

---

1. 1 Samuel 15:23
2. Jean 14:15

15

Des enfants responsables

Vous avez déjà entendu dire cela? « Il est tellement plus facile pour moi de me débrouiller toute seule. Valérie doit laver la vaisselle chaque soir, mais la cuisine est plus en désordre quand elle a fini que quand elle commence. Si lui apprendre à faire ce travail doit me permettre de gagner du temps, c'est raté! Je préfère éviter tous ces troubles et faire mon travail moi-même. »

Nombreux sont les parents qui raisonnent ainsi parce qu'ils n'ont pas compris quel est le véritable but de ces divers travaux domestiques. Autrefois, on ne se posait pas de questions. Les enfants commençaient très jeunes à être utiles et même indispensables: Ils ramassaient les œufs, donnaient à manger aux animaux, faisaient les lits et au fur et à mesure qu'ils grandissaient, leur tâche devenait plus lourde. Il fallait absolument que tout le monde mette la main à la pâte, tant il y avait à faire.

N'est-ce pas à nouveau la situation dans laquelle se trouve la famille monoparentale? Le parent seul semble n'avoir jamais assez de temps ou assez de mains pour faire tout ce qui presse. Un parent m'a dit un jour:

« Dans ma vie de parent seul, le temps pour faire ce que je dois faire est ma plus précieuse ressource et croyez-moi, faire ces travaux moi-même me prend moins de temps que d'entraîner mes enfants à les faire. » Un autre parent m'a confié: « Je préfère payer quelqu'un pour couper le gazon plutôt que de demander à mon fils de 14 ans de le faire. » Ces deux confessions sont claires: Aucun de ces parents n'a compris quel était le véritable sens des travaux domestiques. Lorsque l'on donne à faire un travail à un enfant, on lui donne l'occasion d'apprendre une bonne leçon et le privilège de promouvoir l'unité familiale. Malheureusement, un parent pourra répondre du tac au tac: « Et puis après! Je n'ai aucune envie de lui apprendre à couper le gazon. Je n'ai pas l'intention qu'il devienne un coupeur de gazon professionnel! » Ce parent oublie par-dessus tout que lorsque l'on donne un travail à faire à un enfant, on lui enseigne à accepter des responsabilités et à les mener à bien.

Plusieurs personnes connaissent les Clubs des 4 H, une organisation pour les jeunes dans les milieux ruraux dont le principal but est de leur apprendre à être responsables. Les enfants qui fréquentent ces Clubs apprennent énormément de choses sur l'agriculture. Une de leurs activités importantes est de donner à chaque enfant un petit animal, un agneau, un veau, à élever. Lorsqu'un enfant accepte ce projet, il accepte aussi de prendre la responsabilité à long terme de s'occuper de tous les besoins de cet animal alors qu'il grandit. C'est un travail impressionnant et pénible, mais il permet à l'enfant d'apprendre une grande leçon. Il ne sera probablement jamais un fermier et donc connaître l'élevage peut ne pas lui être utile du tout, mais ce qu'il aura appris en poursuivant et en menant à bien cette activité, fera partie intégrante de son bagage pour la vie. Il aura appris à accepter de prendre des responsabilités au fur et à mesure qu'elles se présentent à lui, et non de les fuir misérablement. C'est la même chose pour les travaux domestiques. Leur raison d'être fondamentale est d'amener un enfant à devenir un expert qui pourra sans fléchir assumer les charges de la vie, et non de faire de lui un expert dans le ménage. De plus, établir et donner à chaque enfant un travail spécifique à faire quotidiennement, va favoriser la bonne marche du foyer et son unité.

À Sheridan House, chaque enfant dans chaque maison a des travaux particuliers à accomplir, chaque semaine. Nous appelons cela des responsabilités domestiques et nous les affichons sur un tableau afin que chaque enfant puisse bien voir de quoi il va être en charge cette semaine-là. Un enfant, par exemple, aura à passer l'aspirateur, mais évidemment ce qui nous préoccupe le plus, ce ne sont pas les tapis, mais son développement personnel. Ainsi, afin qu'il devienne réellement une personne responsable, nous ne le traitons pas comme une machine. Le parent de cette maison ne se met pas à lui rappeler constamment qu'il doit aspirer les tapis. S'il le faisait, ce serait lui qui prendrait la responsabilité de ce travail et l'enfant ne serait qu'un robot utilisé pour l'accomplir. Non, une fois que le travail a été assigné à l'enfant et publiquement affiché, personne ne lui en parle plus. L'enfant devient responsable de se souvenir de l'accomplir. Il sait que son travail doit être fait pour vendredi à 15 heures. Si le travail n'est pas terminé à ce moment, il sait aussi qu'il devra en supporter les conséquences: il ne recevra pas d'argent de poche, et les sorties de la fin de semaine seront coupées. Son parent ne criera pas après lui parce qu'il n'a pas fait son travail: les conséquences sont suffisantes. Voyez-vous, le but de cet exercice n'est pas d'avoir des tapis propres, bien que cela soit un effet secondaire agréable, non, son but est d'éduquer cet enfant à accepter des responsabilités.

Un enfant devient vraiment responsable 1) lorsqu'il prend l'initiative d'accomplir un certain travail, 2) lorsqu'il n'a pas besoin d'être supplié ou menacé par son parent pour le faire, 3) lorsqu'il apprend à le faire correctement sans qu'on soit obligé de lui dire constamment: « Tiens, tu as oublié d'épousseter ce coin-là » ou « Oh! regarde, il y a encore cette casserole à laver ».

Il y a une autre raison pour laquelle il est important d'enseigner à un enfant à porter sa part du fardeau quotidien. Cela va lui permettre une expérience indispensable à son équilibre psychique: celle de sentir qu'il appartient vraiment à une famille. Les enfants de qui l'on n'exige aucun travail au foyer, interprètent rapidement leur non-participation comme un signe ou une preuve qu'ils ne font pas partie du foyer et que leur présence ou leur absence est indifférente. Quoi de plus tragique que de tels sentiments au cours de l'adolescence?

Mais il y a plus encore. Lorsqu'un parent enseigne à un enfant à être responsable pour certaines tâches, il se donne des occasions de le féliciter ouvertement et un enfant a tant besoin d'encouragement! Les enfants au fond d'eux-mêmes aiment travailler et faire partie de l'équipe familiale, mais ils sont incapables de prendre une telle initiative. Il faut absolument que les parents prennent à cœur d'enseigner à leurs enfants comment ils peuvent accepter des responsabilités au sein de la famille. Un jour, ils auront appris comment faire correctement une foule de travaux et cela soulagera le parent et le foyer pour lui donner plus de loisirs. Bien sûr, cela n'est pas le but premier de cet enseignement, mais c'est un résultat à ne pas dédaigner.

Les recherches sur le divorce suggèrent qu'en général, il faut deux ans pour qu'un parent seul remette sa vie en ordre. Évidemment, avant qu'un parent seul puisse enseigner à son enfant à être responsable, il aura dû faire lui-même des progrès dans ce domaine. Un enfant passe beaucoup de temps à jongler avec les idées contradictoires qu'il a sur ce que c'est que d'être un adulte. Il voudrait bien agir comme un grand, mais pourtant, il est bien content de jouir du privilège enfantin de pouvoir fuir les responsabilités. Il aimerait bien pouvoir faire des promesses et les tenir, mais il est plus facile pour lui de les « oublier ». Seul son parent peut être pour lui un exemple véritable de ce que c'est que d'être une personne responsable.

Je me rappelle à ce sujet un souvenir d'enfance. Une des responsabilités de mon père était de sortir les ordures chaque mardi et chaque vendredi matins. La veille, immédiatement après le dîner, il faisait le tour de chaque pièce pour vider les poubelles. Ce qui me frappait, c'est qu'il avait toujours l'air d'être de très bonne humeur alors qu'il faisait ce travail routinier et monotone. Deux fois par semaine, sans jamais aucune exception, il amenait les poubelles sur le chemin principal et le soir en revenant du travail, il les ramassait et les remettait à leur place. Il était aussi précis qu'une montre et nous pouvions être aussi sûrs de chacun de ses gestes que nous l'étions du lever du soleil...

Un jour, Papa me confia ce travail. Je rouspétais, me plaignais, traînais pour ne pas faire cette tâche qui ne prenait que quinze minutes. Bientôt cette responsabilité si simple était devenue pour moi un cauchemar. Un jour, alors que mon père et moi parlions de ce problème, je lui dis: « Oui, mais papa, c'était facile pour toi. Tu aimais tellement faire cela. »

Mon père se mit à rire et me répondit: « Mon fils, je détestais ce travail autant que toi, mais il fallait qu'il soit fait. Alors j'ai tout simplement décidé de le faire du mieux possible, sans jamais aucune exception. » J'en restai coi. Je n'y avais jamais vraiment pensé et je m'étais dit que si Papa faisait ce travail avec tant de méticulosité, c'est parce qu'il aimait tout simplement vider les poubelles et en amener les ordures au coin de la rue. Je n'avais pas réalisé qu'il avait accepté cette tâche fastidieuse comme un défi, mais plus encore, qu'il saisissait l'occasion d'être un bon exemple pour les jeunes yeux qui le regardaient.

Tous les parents doivent saisir toutes les occasions possibles d'être pour leurs enfants l'exemple qu'ils veulent voir reproduit chez eux. Si un enfant doit apprendre à garder sa chambre propre, il faut que la chambre de son parent soit un modèle d'ordre. Si le parent veut que son enfant apprenne à faire la vaisselle ou les repas ou le repassage gaiement, il faut qu'il cesse de ronchonner chaque fois qu'il doit faire du ménage. C'est logique, n'est-ce pas?

Pour ma part, malgré toutes les leçons que mon père m'a données au sujet de l'importance de prendre ses responsabilités, ce qui m'a le plus convaincu et le mieux convaincu est son attitude empreinte de ponctualité et de bonne humeur, chaque fois qu'il faisait les travaux domestiques qu'il avait acceptés d'accomplir.

Les enfants des foyers monoparentaux pensent souvent que les travaux domestiques sont tellement accaparants qu'ils les privent de la présence de leur parent. Par contre si le parent seul dit à l'enfant qu'en se mettant à travailler ensemble, ce sera pour eux une occasion de bavarder et d'échanger, l'enfant sera généralement très heureux de pouvoir s'associer à lui pour apprendre à faire divers travaux.

Un enfant peut commencer très tôt à faire certaines petites tâches. Un bambin de quatre ans peut recevoir la responsabilité de nourrir le chat, par exemple. Si le parent le surveille étroitement, il peut apprendre à vider une boîte dans un plat. Il peut aussi apprendre à nourrir le chat, chaque jour à la même heure, s'il le fait avant des événements réguliers comme le petit déjeuner ou le dîner. Après ce travail, il peut aussi apprendre une leçon d'hygiène très importante et se laver soigneusement les mains.

Les enfants aiment agir à l'intérieur de structures bien précises. On pourrait même dire qu'ils aiment la routine. Il ne faudra pas longtemps à un enfant pour qu'il rappelle à son parent: « Maman, on ne peut pas manger encore, Minou n'a pas été nourri. » Lorsque cela commence à arriver, on a le signe que l'enfant est en train de transformer une corvée en une responsabilité. Voyez-vous, dans un premier temps, c'est le parent qui dirige cette activité. C'est lui qui est responsable de nourrir le chat, même si c'est l'enfant qui en fait les gestes. Plus tard, dans un deuxième temps, lorsque l'enfant se souvient qu'il doit nourrir le chat, il se met à prendre la responsabilité de cette activité et bientôt il donne à manger au chat sans qu'on le lui dise et sans qu'il ait besoin de supervision.

Je le répète: Il ne faut pas faire faire certains travaux domestiques à l'enfant dans le simple but d'être déchargé, en tant que parent, d'une tâche, bien que cela sera effectivement le cas plus tard. Il faut lui faire faire certains travaux domestiques appropriés à son âge parce qu'il est indispensable de lui apprendre à accepter de prendre des responsabilités. Il faudra probablement beaucoup de patience au parent pour entraîner son enfant jusqu'à ce qu'il en arrive là. Entre temps, chaque activité peut être considérée par le parent comme un moyen d'avoir du plaisir avec son enfant: Qu'il s'agisse de faire les lits, de passer l'aspirateur, d'arroser les plantes, de ranger la vaisselle, chaque fois, l'enfant a le privilège de faire quelque chose avec son parent. Plus l'attitude de ce dernier, face au travail à accomplir sera positive, plus il pourra influencer avec bonheur son enfant qui, bientôt, c'est inévitable, affichera la même attitude.

Puis viendra le temps où il faudra signaler à l'enfant que telle ou telle corvée est devenue sa responsabilité personnelle. Cela doit donner lieu à une « cérémonie » officielle au cours de laquelle l'enfant doit bien comprendre de quoi il s'agit. Considérez cet exemple:

Le parent: — Voilà maintenant longtemps que nous nourrissons le chat ensemble et je suis sûr que tu as bien appris à le faire. C'est le moment que tu en sois enfin pleinement responsable. Je ne te rappellerai plus deux fois par jour que tu dois nourrir le chat. Il faut que ça soit toi qui t'en souviennes.

Marc: — Oh! pas de problèmes. Je m'en rappellerai.

Le parent: — Oui, je sais que tu es capable de t'en souvenir. Dis-moi quand vas-tu nourrir Minou chaque jour?

Marc: — Je le nourrirai juste avant le petit déjeuner et juste avant le dîner.

Le parent: — C'est exact. Ainsi si jamais tu es à table pour le déjeuner ou le dîner et que tu te rappelles que tu as oublié de nourrir le chat, tu auras à t'excuser pour aller le faire. Mais rappelle-toi bien: Je ne te dirai pas de le faire. C'est maintenant ta responsabilité; c'est la tienne et non plus la mienne. Le chat compte sur toi.

Marc: — Pas de problème, Maman!

L'enfant sera probablement très excité au sujet de ce nouvel arrangement pendant environ deux jours. Puis viendra le véritable test pour le parent. Marc oubliera carrément de nourrir le chat. Le parent devra alors, pour bien faire comprendre à son enfant qu'il est sérieux et que cela est vraiment devenu sa responsabilité, résister au désir de reprendre la situation en main afin d'éviter au chat qu'il ne saute un repas. L'enfant questionné sur son oubli dira certainement: « Oh! lorsque je m'en suis aperçu, j'ai pensé que tu le ferais toi-même. » À quoi, le parent devrait bien dire à l'enfant qu'il n'en est pas question car c'est définitivement sa responsabilité et le chat compte uniquement sur lui.

Un enfant plus grand doit recevoir de plus grandes responsabilités comme celles de couper le gazon ou de laver la voiture chaque semaine. Il est important de lui dire quelles seront les conséquences de son obéissance ou de sa désobéissance.

Le parent: — Richard, toi et moi, nous lavons cette voiture ensemble depuis longtemps. C'est le moment pour toi de faire ce travail afin qu'il devienne ta responsabilité personnelle. Je veux dire par là que tu vas en avoir la pleine initiative. Tu devras te souvenir de la laver et tu devras aussi la laver tout seul. Je ne t'en parlerai plus. Tu laveras l'extérieur de la voiture et tu passeras l'aspirateur à l'intérieur. Voilà, ce travail devra être fait chaque semaine sans histoire, avant la fin de semaine. C'est maintenant ta responsabilité et tu sais, ça me fait vraiment plaisir que tu puisses ainsi me décharger de ce travail.

Évidemment, Richard, lui aussi, cherchera à vérifier si son parent est sérieux ou non. Il cherchera à voir s'il pourra s'en tirer avec un travail mal fait, ou s'il y aura des exceptions particulières quand il trouvera de bonnes raisons pour n'avoir pas fait son travail. Plus le parent sera sérieux et ferme, meilleures seront ses relations avec son enfant. Celui-ci saura au moins à quoi s'en tenir et il apprendra bientôt que c'est lui qui décide de ses loisirs dans la mesure où il se dépêche de faire son travail *bien*. Cette expérience l'aidera à apprendre à ne pas remettre son travail à plus tard et, malgré les tensions du début, ni son parent ni lui-même, ne la regretteront. Il est des leçons qui valent leur pesant d'or. Plus on les apprend tôt, plus vite on est heureux dans la vie.

Le parent doit se rappeler que chaque fois qu'il confie une tâche domestique à son enfant, il se crée l'occasion de le louanger et de lui montrer son appréciation. Certes, il est des jours où Marc ne nourrit pas correctement le chat et il est des semaines où Richard doit recommencer son travail à plusieurs reprises; mais il est aussi des jours où Marc et Richard s'appliquent de tout leur cœur à faire leur tâche correctement. Le parent ne doit pas alors rater l'occasion de le souligner.

Le parent: — Tu sais Richard, en tant que parent seul, je suis vraiment très occupé. C'est fou ce que tu as bien nettoyé la voiture et tu ne sais pas combien tu me soulages dans mes travaux. Merci. Je vais être très fier de rouler dans cette voiture que tu as si bien astiquée.

Un enfant a besoin d'entendre son parent dire de telles choses. Il a besoin de savoir combien il est précieux pour lui et combien il a besoin de lui. Après de telles remarques de la part de son parent, l'enfant se sentira plus près de sa famille et plus désireux de la servir de tout son cœur. Que le parent ne soit pas avare de paroles. Si un ami vient le visiter, il devrait pouvoir lui montrer le beau travail de son fils (en sa présence, naturellement): « Je suis sûr que tu as remarqué combien ma voiture brillait aujourd'hui. C'est Richard maintenant qui a pris ça en main et il fait vraiment du beau travail. » Même si cela fait un peu pièce montée, cela fera des merveilles pour fortifier l'estime que Richard a de lui-même et même si son visage reste impassible, son cœur sera débordant de reconnaissance. Oui, lorsque l'on apprend à un enfant à prendre des responsabilités, il est beaucoup plus important de le faire pour pouvoir le féliciter pour le travail bien fait que pour le punir lorsqu'il est mal fait, bien que cela soit nécessaire. Un jour l'enfant désirera l'approbation plus que la punition, et il prendra plaisir à être responsable.

Féliciter un enfant en lui montrant notre appréciation est un moyen puissant de lui donner le goût du travail bien fait. Le critiquer et le critiquer encore, sans jamais lui dire un mot gentil, est un sûr moyen de l'amener à ne plus vouloir rien faire. C'est comme ça. Il faut le comprendre.

16

Les enfants et l'argent

« On dirait que Xavier a les mains percées. Il n'a aucune notion de ce que c'est que l'argent. À peine a-t-il quelques sous, qu'il les dépense. Et ce qui est pire, c'est qu'il vient constamment m'en demander d'autres. » C'est avec ce préambule que Suzanne, un parent seul, était venue me demander conseil afin de savoir comment éduquer son fils pour qu'il devienne plus raisonnable dans ce domaine.

Je lui posai une question: « Donnez-vous ou permettez-vous à votre fils de gagner son argent de poche chaque semaine? » À quoi Suzanne me répondit: « Je n'ai pas assez d'argent pour lui assurer son argent de poche. » Après quelques moments, notre conversation révéla que Suzanne donnait de l'argent à son fils comme le fait la majorité des parents seuls.

Il y a des semaines où, lorsque Xavier lui demandait de l'argent, elle disait « non », car à son avis, elle n'avait pas assez d'argent pour payer toutes ses factures. Naturellement, à ce non, Xavier ripostait avec beaucoup de colère et de bouderie, si bien que la fois suivante, se sentant coupable de priver son fils, elle lui donnait plus d'argent que nécessaire mais aussi, plus d'argent qu'elle ne pouvait se le permettre. En fait, elle lui donnait de l'argent selon ses humeurs et elle finissait toujours par lui en donner beaucoup plus que si elle lui avait alloué un montant hebdomadaire.

Dans un tel système, Xavier n'était absolument pas responsable de son budget et il ne pouvait pas le planifier, car il n'était ni régulier ni fixe. Tout ce dont il se sentait responsable, était de dépenser l'argent dès qu'il l'avait reçu, car il ne savait pas s'il en aurait encore la semaine prochaine. De plus, Xavier avait rapidement appris que plus il rouspèterait et réussirait à donner mauvaise conscience à sa mère, plus il aurait de chances d'avoir une forte somme la fois d'après. Il faut dire que Xavier n'était pas entièrement en faute dans ce chantage car en fait, comme tout enfant, il savait tirer avantage des faiblesses que son parent lui révélait. Jusqu'à présent, tout ce que Suzanne avait enseigné à son fils, c'était à la manipuler, non à établir et à maintenir un budget.

Après lui avoir fait comprendre le comportement de son fils, je posai à Suzanne une autre question: Comment tenait-elle son budget? Quel genre d'exemple donnait-elle dans ce domaine à son fils?

En vérité, cette question était un peu superflue car de la façon dont elle donnait de l'argent à son fils, on pouvait facilement déduire qu'elle-même n'avait pas un budget très précis. Il faut être franc, Xavier, en fin de compte, agissait exactement comme sa mère.

Des études multiples ont démontré que le nombre de parents qui continuent à verser une pension alimentaire pour leurs enfants après un an de séparation, est aussi bas que 7 p. 100. Christopher Jenks, professeur de sociologie à la Northwestern University, a découvert que 9 mères sur 10 voient leurs revenus diminuer de 50 p. 100, une fois la séparation ou le divorce consommés. Si l'on prend en considération le fait que la capacité des femmes de gagner de l'argent n'est encore que 57 p. 100 de celle des hommes, on ne doit pas être surpris de constater que les familles dirigées par une femme seule connaissent de réelles difficultés financières pendant plusieurs années après le divorce.

« Donner l'exemple! C'est très beau! Mais comment voulez-vous que j'enseigne quoi que ce soit à mon fils quand mon chèque de paie est dépensé aussitôt en ma possession? », s'était exclamée Suzanne avec colère et dépit, considérant qu'elle gagnait trop peu d'argent pour qu'il vaille la peine qu'elle fasse un budget. Hélas, il n'y a rien de plus faux que ce genre de raisonnement. Les budgets ne sont pas seulement pour les riches mais aussi pour les pauvres et très, très spécialement pour ces gens qui gagnent à peine de quoi payer leurs factures.

Je conseillai à Suzanne d'accepter des conseils professionnels afin d'arriver à établir un budget ayant pour but de la libérer de ses dettes. Bientôt, parce qu'elle savait maintenant où elle allait et parce qu'elle s'était mise à payer certaines factures et à envoyer des lettres d'excuses à ses créanciers, elle se sentit moins anxieuse. Son chèque mensuel était certes plus petit après tous ces déboursés, mais ce qui lui restait était à elle, et cela sur une base régulière. Suzanne, en prenant la peine d'établir son budget, put aussi s'apercevoir qu'elle payait pour des choses inutiles et superflues et elle décida de s'en débarrasser: Elle annula son abonnement mensuel pour la télévision par le cable et elle cessa d'aller manger au restaurant.

L'établissement d'un budget sérieux transforma la vie dans le foyer de Suzanne car elle comprit quelles étaient ses priorités financières et c'est sans remords qu'elle put y faire face: Cela élimina pour toujours les achats sous pression et le gaspillage — parce qu'un chapeau qu'on ne mettra jamais ne coûte que 70 p. 100 de son prix, on l'achète, et puis, il y avait cette magnifique paire de chaussures, trop petite certes, mais tout en cuir, quelle aubaine, on ne pouvait pas laisser passer cela! — Cela régla aussi définitivement le problème des requêtes d'argent de son fils et toutes les disputes qui les accompagnaient. Chaque fois que Xavier lui demandait la permission d'acheter quelque chose, ils consultaient tous les deux leur budget pour voir s'ils pouvaient se le permettre. Suzanne maintenant n'avait plus l'air d'être contre son enfant et de monopoliser tout l'argent, mais très souvent lui-même, face à la réalité implacable des chiffres, il convenait qu'ils ne pouvaient pas supporter une telle dépense. Finalement, l'établissement d'un plan financier permit à Suzanne de donner à son fils l'exemple d'un bon gérant. Xavier pouvait maintenant voir sa mère planifier son avenir et non plus vivre au jour le jour. Et puis oui, j'oubliais, elle fut capable de lui donner régulièrement un peu d'argent de poche.

Il n'y a certainement pas de mystère au fait que tant d'enfants ne savent pas administrer adéquatement leur argent car, que les parents le comprennent, tant qu'ils ne l'auront pas appris, ils ne le sauront pas. C'est pourquoi je crois qu'il est important que l'enfant reçoive un peu d'argent de poche régulièrement afin qu'il apprenne avec cette petite somme reçue et donnée chaque semaine au même moment, jamais plus tôt, jamais plus tard, à gérer ses propres affaires. À l'âge adulte, cet enseignement lui sera des plus utiles et lui évitera bien des déboires et des échecs lamentables.

En général, lorsqu'un enfant se met à recevoir une certaine somme d'argent, il va la dépenser sur la première chose qui va l'attirer. Aussitôt il sera à nouveau totalement dépouillé, et tout spontanément il ira vers son parent pour lui demander plus d'argent. Il est très important que cette situation se présente et le parent doit savoir l'exploiter afin de pouvoir enseigner à son enfant une leçon très importante. Écoutez:

Le parent: « Ah! mon fils (ou ma fille), combien je suis désolé que tu ais dépensé tout ton argent. Mais tu te rappelles bien que lorsque je t'ai donné cette somme, je t'ai averti qu'elle devait te durer jusqu'à vendredi prochain. Tu sais bien que personnellement, il faut que je m'arrange pour que mon salaire me dure d'une semaine à l'autre et tu ne me vois pas aller supplier mon patron de me faire une avance. Allons! c'est la même chose pour toi. »

Si le parent reste ferme — je vous en prie, restez-le —, il ne faudra pas longtemps à l'enfant pour qu'il comprenne que c'est comme ça, que son argent ne lui sera donné que tel jour à telle heure chaque semaine et qu'il n'en tient qu'à lui pour qu'il lui dure. Parent, permettez-moi d'insister: ne cédez jamais, pas une seule fois, sur ce principe. C'est la clé du succès de ce genre d'apprentissage.

Si le parent donne à son enfant de l'argent quand ça lui plaît, le parent se porte garant de son budget. Par contre, si l'enfant reçoit de l'argent d'une manière régulière, fixe et précise, il va être obligé de comprendre que c'est lui le responsable. En tant que parent vous devez veiller soigneusement à ne pas priver votre enfant de cette responsabilité et donc du privilège d'apprendre jeune à diriger avec succès un budget. Évidemment l'enfant cherchera comme toujours à tester, à éprouver votre fermeté et il ne manquera pas régulièrement de venir se plaindre auprès de vous parce qu'il n'a plus d'argent. « Tout coûte si cher », dira-t-il avec perplexité, ou encore « ma somme est vraiment trop petite. » Votre seule réponse doit être: « Je serai heureux de te donner ton argent de poche vendredi prochain à 17 heures précises. » Le parent seul n'a pas d'énergie à perdre en vaines discussions avec un enfant qui ne cherche qu'à s'assurer que celui-ci est capable de le prendre en main et de le diriger avec fermeté...

Je crois vraiment qu'il est bon qu'un enfant ait de l'argent de poche car ceci a un autre avantage. L'enfant responsable de son argent apprend à maîtriser ses désirs et à éliminer certaines convoitises. J'ai appris cela un jour que je me promenais dans un centre commercial avec ma fille qui, tout à coup, vit un T-shirt qu'il lui fallut immédiatement. « Je ferais n'importe quoi pour l'avoir » me dit-elle. Je lui répondis que si cela était le cas, je la ramènerais à la maison pour qu'elle puisse aller chercher ses économies, après quoi je la reconduirais au magasin pour qu'elle puisse s'acheter ce vêtement.

Elle accepta et elle était encore très excitée alors que nous quittions le centre commercial; mais au fur et à mesure que nous approchions de la maison, elle se mit à changer d'idée et lorsque nous étions en train d'ouvrir la porte, elle me dit qu'elle n'en voulait plus.

Bien sûr, elle en avait besoin, mais seulement si je le lui avais acheté moi-même. Ce fut une leçon très difficile à apprendre pour moi. Ce T-shirt ne coûtait que six dollars et j'aurais pu facilement le lui acheter. En réalité, c'était une somme minime et cela m'aurait permis de voir les yeux de ma fille s'illuminer de bonheur, ce qui, pour moi, n'a pas de prix. Mais en cédant à cette impulsion, je me serais gâté moi-même et je ne lui aurais pas rendu service. Nous avons, depuis ce jour mémorable pour moi, revu ce T-shirt à plusieurs reprises et bien que j'aie été tenté chaque fois de le lui acheter, c'est à peine si elle jette un regard sur ce vêtement. Il faut que je l'avoue, cette expérience a été une excellente leçon pour nous deux.

Le parent seul fait face à ce genre de situation très fréquemment. Son enfant veut des vêtements à la mode et bourrelé de remords pour une raison ou une autre, il cède à ses désirs irraisonnables et lui achète des marques « réputées » dont le prix est absolument inabordable pour son budget. Je connais un parent seul qui a fait une entente avec son enfant: Il paie le vêtement nécessaire au prix régulier et si l'enfant insiste pour avoir un vêtement marqué, c'est à lui de débourser la différence.

Dans cette question d'argent, savoir établir et maintenir un budget n'est pas le fin mot de l'histoire. Il faut surtout que l'enfant puisse acquérir face à l'argent, une mentalité qui lui permettra de ne pas en devenir l'esclave. Notre société souffre d'un matérialisme outré et obsessionnel qui l'a amenée à vendre littéralement son âme pour des babioles. Mais tout ce qui est matériel, n'est-il pas périssable, passager et vite méprisable? Une étude américaine a révélé que près de 50 p. 100 des divorces dans ce pays tournent autour de tragédies financières. Le couple, au lieu de bâtir ensemble son nid pour y placer de véritables trésors, des enfants bien élevés et en bonne santé, à peine marié part tous les matins dans deux directions opposées pour aller gagner de l'argent déjà dépensé. Bientôt le couple qui se retrouve totalement épuisé dans un château-dortoir qu'il devra payer pendant les

20 années à venir, n'a plus de force pour parler, s'aimer et même désirer vivre ensemble. L'amertume se greffant sur la fatigue, les accusations jaillissent et vous connaissez le scénario qui, chaque année, amène dans le monde occidental des millions d'hommes et de femmes qui se sont aimés, à se détester, se haïr, se déchirer, se séparer et à se retrouver chacun de leur côté dans une misère et une déchéance physique, morale et matérielle qu'ils ne soupçonnaient pas.

Le parent maintenant seul doit, par amour pour son enfant, veiller à ce qu'il acquiert une mentalité saine face à l'argent. Je peux vous raconter à ce sujet mon expérience personnelle. C'est à 22 ans seulement que j'ai commencé à comprendre que l'argent est un don qui vient de Dieu afin de nous permettre de mieux Le servir en faisant du bien à notre prochain, notre épouse ou notre époux, nos enfants, nos parents, nos voisins, etc. Alors que j'acceptais, bien qu'avec difficulté, que l'argent que je gagnais me venait en fait de Dieu qui m'avait donné la force de le gagner, je me mis à Lui redonner un dizième de cet argent, la dîme. Ce geste répété chaque semaine, m'a permis d'affirmer peu à peu dans ma vie que j'adorais Dieu et que Lui et non moi, était la source de tous mes biens. J'ai bientôt perdu toute anxiété face au besoin de gagner, d'avoir, de posséder de l'argent. J'ai appris à me contenter de ce que j'avais et à me réjouir avec des valeurs humaines et spirituelles plutôt que matérielles. J'enseigne depuis à mes enfants à mettre de côté 10 sous sur chaque dollar qu'ils reçoivent, 1 dollar sur chaque dix dollars, 10 dollars sur chaque cent dollars et à amener cet argent à l'église afin qu'elle puisse l'utiliser pour la prédication de l'Évangile. Je désire qu'ils acquièrent une saine perspective et qu'ils comprennent très tôt que le seul bonheur qu'il y a à posséder de l'argent est de pouvoir faire du bien, beaucoup de bien à son prochain.

L'enfant doit aussi très jeune, apprendre à économiser de l'argent et à en mettre de côté. En fait, il doit apprendre à ne pas satisfaire sur le coup des désirs imaginaires la plupart du temps, mais à attendre que ses besoins réels soient comblés plus tard. Notre société sait fort bien exploiter chez les gens ce trait de caractère enfantin, et elle les séduit au point qu'un nombre incroyable d'entre eux sont prêts à encourir de fortes dettes pour jouir maintenant, tout de suite, sans délai, de ceci ou de cela que la publicité a su leur vanter. À une époque de café instantané, de fast-food et de plans de financement alléchants, un enfant ne pensera jamais à économiser son argent si cela ne lui a pas été enseigné par l'exemple et par le précepte. Certes, il serait facile pour beaucoup de parents d'acheter à leurs enfants beaucoup de choses que ceux-ci, sur le coup, considèrent comme « nécessaires ». Il est cependant dommage que tant d'enfants soient ainsi privés du plaisir et de la fierté d'avoir « gagné » ce qu'ils possèdent.

Dans le foyer monoparental, cette leçon d'économie peut être très difficile à enseigner car, même si l'enfant est heureux à l'idée qu'il va travailler et économiser pour s'acheter un objet désiré, il peut assez rapidement perdre son enthousiasme s'il lui arrive de penser qu'il peut sans grand problème convaincre son autre parent au cours d'une visite de fin de semaine, de le lui acheter sans délai.

Naturellement, cette situation est pénible car bien souvent le parent qui n'a pas la garde légale de l'enfant cherche à se convaincre qu'il est encore un bon parent et plein de remords, il lui offre des fins de semaine qui ressemblent toutes à Noël. Il serait bon, si les parents de l'enfant ont conservé une certaine communication entre eux, qu'ils se mettent d'accord sur la nécessité d'enseigner à l'enfant l'économie.

Le parent responsable de l'enfant pourrait s'adresser à son autre parent ainsi:

« Maxime est en train de travailler d'arrache-pied pour s'acheter une nouvelle bicyclette. Je sais bien que toi ou moi, pourrions la lui payer sans problème, mais si nous le faisions, nous lui volerions littéralement le plaisir et le privilège d'apprendre à économiser dans un but précis. S'il-te-plaît, aide-moi. Si nous résistons tous les deux à ses inévitables supplications, il pourra avoir la fierté de dire: Voici, ma bicyclette. C'est moi qui l'ai payée. »

Le parent qui n'a pas la garde de l'enfant pourrait participer à ce projet en permettant à l'enfant de faire au cours des visites chez lui, de petits travaux qu'il pourrait lui payer, sans rien exagérer. Certains parents comprendront cette requête. D'autres en seront terriblement offusqués, mais plus l'éducation de l'enfant sur ce point sera conséquente, mieux il apprendra la leçon.

Je connais une famille qui a planifié des vacances particulières six mois à l'avance: Elle visiterait pendant près d'un mois, la côte américaine sur le Pacifique. Chacun des trois adolescents (12, 15 et 16 ans) fut mis au défi d'économiser autant d'argent qu'il le pourrait avant les vacances. Il recevrait alors chacun, de la part de leurs parents, une somme égale et cela constituerait leur argent de poche pour le voyage afin de payer leurs souvenirs, leurs friandises et leurs repas quotidiens.

L'expérience fournit une mine d'or d'enseignements. Les enfants économisèrent en six mois entre 100 dollars pour le plus jeune et 220 dollars pour le plus vieux. Ils firent toutes sortes de choses pour gagner de l'argent: couper du gazon, laver des voitures, mettre de côté l'argent reçu en cadeau à leur anniversaire, etc. Le plus vieux décida qu'il n'emporterait pas la totalité de ses économies car il avait travaillé très dur et il jugeait qu'il pourrait se tirer d'affaire avec moins. Pour la première fois de leur vie, les enfants firent attention à ce qu'ils mangeaient. Alors que le plus jeune avait de la difficulté à joindre les deux bouts, il dit à son père: « Que c'est dur! As-tu, toi aussi, besoin d'économiser pendant si longtemps de l'argent pour nous emmener en vacances? » Au cours de la dernière semaine du voyage, cet enfant ayant dépensé tout son argent, n'en avait plus pour payer ses repas. Les parents tinrent alors un conseil de famille pour discuter des problèmes financiers du plus jeune et chacun se mit d'accord pour payer à son tour ses repas. Les regards que cet enfant reçut de la part de son frère et de sa sœur plus âgés, lui confirmèrent qu'il avait vraiment besoin d'apprendre à tenir un budget. Ils avaient travaillé dur pour gagner leur argent et travaillé encore plus dur pour ne pas le dépenser trop rapidement. Ils tinrent à le lui faire savoir. Le frère et la sœur aînés apprirent aussi ce que cela peut être que de porter le faix des obligations familiales.

On peut employer divers moyens pour enseigner à un enfant à administrer correctement son argent. Certains parents seuls donnent à leurs enfants l'argent pour leurs repas à la cantine, une semaine à l'avance et ils les rendent responsables pour qu'il dure. Un autre parent que je connais a mis sur pied un compte bancaire domestique. Il a donné à ses enfants des vieux carnets de chèques et chaque fois qu'ils ont besoin d'argent, ils écrivent un chèque. C'est le parent qui garde leur argent et de semaine en semaine, il ajoute à la somme précédente, s'il y a lieu, la nouvelle. Les enfants veillent eux-mêmes à leur compte et quand ils veulent de l'argent, ils écrivent un chèque à leur parent qui leur donne de l'argent en espèces. Cela demande aux enfants une minute ou deux de leur temps, mais ainsi ils apprennent à balancer leur compte et à faire comme les adultes.

Les enfants ont besoin de beaucoup d'entraînement et d'expériences variées pour apprendre à tenir et à équilibrer un budget. Il est des fois où l'enfant prendra de très mauvaises décisions et dépensera son argent sur des babioles. Mais cela aussi est nécessaire. Ce n'est que si l'enfant maintient cette attitude sur une base régulière et prolongée qu'il faudra que le parent intervienne et une fois de plus, qu'il aide l'enfant à acquérir une meilleure perspective en prenant les choses en main. Par contre, lorsque l'enfant administre son argent avec sagesse — il fait des économies, donne la dîme, fait des cadeaux —, il ne faudrait pas oublier de l'en féliciter.

Nous sommes aujourd'hui constamment bombardés par mille et un appels à dépenser. La publicité cherche véritablement à nous séduire et à nous faire croire que si nous achetons cette nouvelle voiture ou ce nouveau vêtement à la mode, nos vies vont être magnifiquement embellies et devenir passionnantes. Dans la vie souvent mondaine et très instable du parent seul, ces séductions pour lui et son enfant, sont puissantes. Ainsi lorsqu'un enfant est confronté à la nécessité d'économiser, cela peut être plutôt ennuyant et les bénéfices d'une telle décision sembler lointains. C'est pourquoi un parent doit dire à son enfant combien il est fier de sa décision. Plus un enfant se sentira soutenu et encouragé, plus il tiendra ferme.

Donner la dîme est un autre geste qui peut n'apporter à l'enfant que peu de satisfaction immédiate. Le parent peut l'encourager en lui montrant tout le bien que son argent procure tout autour du monde par le biais de diverses activités missionnaires.

Je veux terminer ce chapitre sur ce sujet si important en vous racontant une expérience personnelle qui remonte à mon enfance. Mon père a été un parent seul pendant une certaine période de sa vie, et il était convaincu que la partie la plus importante de l'éducation d'un enfant était de lui apprendre à administrer sagement son argent. Il avait l'habitude de dire qu'un homme pouvait ruiner sa vie entière s'il ne possédait pas la maturité nécessaire pour établir et maintenir un budget. Il en était tellement convaincu qu'il avait mis sur pied une façon personnelle de nous enseigner à mon frère et à moi, à être responsables en matière financière.

Il fallait qu'avant le début du mois de janvier, je fasse une demande par écrit pour mon argent de poche et que j'indique si je considérais que j'avais droit à une augmentation ou non. Si oui, je devais justifier par écrit le besoin de cette augmentation, indiquer ce que je ferai avec et finalement décrire ce que je comptais faire pour gagner cet argent de poche. Une fois ma requête écrite, je lui portais ma feuille. Plus tard, il m'appelait dans son bureau pour que je défende ma cause. À cette époque, je trouvais cela épuisant. Aujourd'hui je reconnais que cela faisait partie de son plan pour m'enseigner combien il était sérieux d'agir avec bon sens face à l'argent et je lui en suis encore reconnaissant. Plus tard, lorsqu'il se porta garant pour moi afin de me permettre de m'acheter ma première voiture et qu'il me dit de ne pas sauter un seul paiement, je sus qu'il était sérieux. Oui, je savais que peu importe la peine que cela lui aurait fait, plutôt que de payer mes factures, son principe d'éducation aurait permis que la banque reprenne ma voiture. Vingt ans après cette expérience, mon père m'a redonné une de mes requêtes écrites pour mon argent de poche. Il l'avait conservée pendant toutes ces années... Lorsque mon père était un parent seul, il était extrêmement occupé, mais il ne le fut jamais assez pour négliger notre éducation dans les domaines qu'il jugeait importants.

17

Les visites chez l'autre parent

Vous l'avez probablement compris maintenant, la règle de base pour favoriser la croissance optimale d'un enfant est d'instituer pour lui des règles strictes et pertinentes car ce n'est que dans un environnement stable qu'il peut se sentir en sécurité et acquérir une saine estime de soi-même. Hélas, beaucoup de parents seuls désireux de créer un tel environnement pour leurs enfants rencontrent ce qui leur semble être une difficulté insurmontable: les visites hebdomadaires ou mensuelles chez l'autre parent.

Un parent seul se lamentait ainsi: « À quoi cela sert-il que je m'esquinte à faire suivre des règles à mon enfant pendant la semaine, si la fin de semaine, il se retrouve chez son père qui le laisse faire tout ce qu'il veut? » Ces remarques sont fréquentes et typiques et elles amènent beaucoup de parents seuls qui ont la charge de leurs enfants à se demander si les droits aux visites sont justifiés. En effet, après une visite chez leur autre parent, beaucoup d'enfants sont réellement bouleversés et ils reviennent à la maison perturbés au point qu'il est difficile de les reprendre en main.

Par contre ces remarques peuvent aussi très souvent cacher de l'amertume. Beaucoup de mères seules veulent en réalité dire: « Après tout ce que leur père nous a fait, il ne mérite pas de voir les enfants. » En d'autres mots, ces mères cherchent à remettre en question le droit du père de voir ses enfants pour le punir ou se venger de lui. Bien que près de 80 p. 100 des parents qui ont la charge de leurs enfants soient des femmes, les hommes qui ont la charge de leurs enfants peuvent avoir la même attitude envers leur ex-épouse.

Cherchons à dénouer le problème. Les parents d'un enfant doivent *absolument* comprendre, pour son bien présent et futur, que ce que le divorce a dissolu est la relation conjugale et non la relation parentale. Le père et la mère d'un enfant resteront toujours, qu'ils le reconnaissent ou non, son père et sa mère. Dans cette perspective, les visites fournissent à l'enfant d'amples occasions de reconnaître plusieurs choses excessivement importantes pour son équilibre psychique: 1) qu'il n'est pas la cause du divorce; 2) qu'il n'a pas été abandonné; 3) qu'il est encore aimé par son parent absent.

Un enfant ne peut pas grandir et se développer normalement s'il n'a pas la possibilité de connaître ses racines et très spécialement son père. La pire chose qu'un parent seul puisse faire à son enfant est de salir la mémoire de son autre parent. C'est aussi grave que s'il le tuait car un enfant ne peut apprendre et sentir qu'il a de la valeur que dans la mesure où il peut se rattacher *à quelqu'un qui est quelqu'un*. Sans estime de soi-même, un enfant est voué à l'échec, à la révolte et aux abus de toutes sortes qui ne seront que des désirs masqués de se détruire, car il s'en veut d'être né et il souffre de n'être personne...

Heureusement qu'il existe aussi des parents séparés qui ont malgré tout à cœur le bien de leur enfant et ils devraient alors faire tout ce qui est en leur pouvoir pour s'entendre sur le genre d'éducation qu'ils désirent pour lui. Il est extrêmement important que leurs conversations restent centrées sur leur sujet particulier qui est l'enfant et ses besoins, sans s'en éloigner le moins du monde. Il faudrait que ces parents se mettent d'accord sur l'horaire à faire suivre à l'enfant et sur son programme de travaux domestiques et de loisirs. Les parents doivent, je le répète encore, par amour pour leur enfant, chercher à comprendre que la vie pour un petit et même pour un adolescent, dans deux foyers différents, est extrêmement déroutante et stressante. Il faut qu'ils s'arrêtent à y penser et qu'ils cherchent à démêler ce problème autant que possible, non pour s'accuser l'un l'autre et faire du chantage affectif, mais pour minimiser la souffrance de leur enfant. Voici à ce sujet un exemple de conversation constructive.

La maman: — Luc se couche tous les soirs à 21 h 30. Il essaie naturellement de rester debout le plus longtemps possible, mais j'essaie d'être ferme. Si j'avais un peu d'aide à ce sujet, cela me rendrait vraiment service, car je pourrais lui apprendre l'importance d'avoir une discipline personnelle. Il cherche tellement à retarder l'heure de son coucher.

Le papa: — Tu veux que je couche cet enfant à 21 h 30 la fin de semaine!

La maman: — Oui, tu as raison. Puisque c'est la fin de semaine, il pourrait rester debout un peu plus longtemps. Ce dont j'ai besoin, c'est d'un peu d'aide afin qu'il apprenne qu'il doit se coucher à une heure fixée à l'avance.

Le papa: — C'est toi qui veux fixer cette heure-là?

La maman: — Non, c'est ta maison. C'est à toi de prendre ça en main. Tout ce que je veux c'est que tu sois ferme sur l'heure que tu auras fixée. Quand il est avec moi, Luc, comme tous les enfants, cherche toujours à faire toutes sortes de choses qui le forcent à se coucher plus tard que prévu. J'ai vraiment de la difficulté à ce sujet et nous avons besoin de ton aide.

Ce dialogue peut sembler idéal et donc impossible à reproduire dans de nombreux cas. Certains ex-conjoints ont vraiment de la difficulté à ouvrir la bouche sans s'accuser et se déchirer mutuellement. Hélas, en le faisant, ils ruinent le séjour de leur enfant dans chacun de leur foyer. L'amertume, la rancune, le désir de vengeance animent beaucoup de parents et incapables de se dire un seul mot sensé, ils passent beaucoup de leur temps à s'accuser mutuellement et à mépriser réciproquement leur style de vie. Ils placent ainsi, automatiquement, leur enfant dans une position extrêmement laide. Il faut le dire, en lui faisant subir leurs discours méchants, ils exercent envers l'enfant de la cruauté mentale.

D'autres parents agissent ainsi car ils cherchent à s'attacher l'enfant de peur de le perdre au profit de leur ex-conjoint. C'est ainsi qu'un nombre honteux de garçons et de filles à notre époque, sont obligés d'écouter jour après jour, année après année, des propos diffamatoires sur une personne qui pour eux s'appelle Papa ou Maman. Pire, ils ne sont pas seulement obligés d'écouter, mais aussi de se ranger du côté du parent qui, pour le moment, est en train d'accuser l'autre, car, s'ils risquent d'émettre des doutes quant à la validité de ses accusations, ils risquent eux aussi, de tomber sous le coup de sa haine...

Évidemment, le parent qui agit ainsi se sent traqué et il cherche à justifier son innocence face au divorce. Pour gagner la sympathie et l'allégeance de son enfant, il se sent obligé de peindre l'autre parent sous les pires couleurs. À la question de l'enfant: « Pourquoi vous êtes-vous divorcé? », il répond plein d'anxiété: « Pourquoi? Eh! bien, parce que ce père que tu sembles tant aimer nous a fait ceci ou cela... »

Parents, en tant qu'adultes, vous pouvez choisir d'autres conjoints, mais vos enfants n'auront toujours qu'une seule paire de parents, vous, vous deux. Mamans seules, ne l'oubliez plus jamais: Alors que dans votre insécurité vous ridiculisez l'homme auquel vous avez été mariée, vous parlez aussi à un enfant du seul père qu'il aura pour toute sa vie. Et combien, combien il en a besoin! Parents, ayez la pudeur de laisser votre enfant en dehors de votre tempête. Ne le forcez pas, au détriment de son équilibre psychique, à choisir entre l'un ou l'autre. Vous perdrez l'un et l'autre.

Les visites régulières chez l'autre parent sont aussi très souvent exploitées dans le but de l'espionner. À peine de retour chez son parent qui en a la garde légale, l'enfant subit un interrogatoire serré:

— Qu'as-tu fait avec ton père (ou ta mère) cette fin de semaine?

— Y avait-il de la bière (ou du vin) dans son réfrigérateur?

— Lorsque vous êtes allés au restaurant, étiez-vous juste tous les deux ou y avait-il quelqu'un d'autre avec vous?

— Reçoit-il (ou elle) beaucoup d'appels téléphoniques?

— As-tu pris le téléphone et as-tu pu entendre qui c'était?

— Êtes-vous allés à l'église?

Et la liste de questions s'allonge et s'allonge. Bientôt ce qui pourrait passer pour de la simple curiosité devient de l'espionnage et l'enfant, encore une fois, se sent obligé de sortir de la neutralité et de s'aligner du côté d'un parent ou de l'autre. Il se sent tourmenté et il ne sait plus s'il doit parler ou se taire, dire la vérité ou non, tout dire ou ne rien dire du tout. À nouveau, l'enfant se sent bassement manipulé et sous peu, il n'hésite plus à exploiter cette situation méprisable et d'en faire une occasion de manipuler à son tour son parent en ne rapportant que ce qui peut attirer son attention sur lui. En effet, beaucoup de parents sont tellement emprisonnés en eux-mêmes qu'ils ne portent aucune attention à l'enfant et ne retiennent que ce qu'il leur dit au sujet de leur ex-conjoint. Cette situation se dégrade rapidement et l'enfant sent que le parent ne s'intéresse vraiment pas à lui mais uniquement à ce qu'il raconte. Alors dans un effort désespéré de retrouver de l'attention concentrée, l'enfant va se mettre à exagérer ce qu'il a à dire et même à inventer de toutes pièces des histoires louches. Tout d'un coup son parent alarmé, semble reconnaître qu'il existe, et l'enfant, parce qu'il a menti, retrouve pour un temps ce dont il a absolument besoin: l'attention concentrée de son parent.

Même un interrogatoire innocent après une visite peut injecter dans la vie d'un enfant beaucoup de choses négatives: Il va être forcé de se ranger d'un côté ou d'un autre et de porter un jugement sur l'un de ses parents. L'attention qu'il reçoit alors qu'il fait des commérages, va l'encourager à manipuler et à mentir toujours plus. Le parent seul qui aime vraiment son enfant saura lui répondre, par exemple: « Ceci est l'affaire de ton père. Oui, je sais que ton père te pose beaucoup de questions à mon sujet, mais je préfère que tu ne m'en parles pas. Ton père est un adulte et il est capable et libre de prendre ses propres décisions. » Une telle déclaration dite chaque fois que cela s'impose apprendra à l'enfant à ne pas cancaner, à ne pas exagérer et à ne pas espionner pour obtenir l'attention qu'il désire (et dont il a besoin). Cette attitude permettra aussi au parent seul de s'éviter les souffrances inévitables qui sont la suite obligatoire de tous mauvais propos dits à notre sujet et qui parviennent à nos oreilles. Il faut laisser à l'enfant le privilège de visiter son autre parent pour avoir le bonheur d'être avec lui et de jouir de sa compagnie.

Certes ces visites chez l'autre parent sont une source de beaucoup de chagrin et d'amertume pour le parent qui a la charge légale de l'enfant. Pendant la semaine, la vie à la maison est remplie de besognes, de devoirs et d'autres corvées. La vie chez le père (ou la mère) pendant la fin de semaine ressemble à des vacances et celui-ci (ou celle-ci) n'hésite pas à faire avec son enfant toutes sortes de choses extraordinaires qu'il (ou elle) n'a jamais pensé à faire auparavant. Le parent seul peut ressentir le besoin d'avoir l'air aussi gentil que l'autre parent et il va se mettre à entrer en compétition ou à dénigrer les sorties de l'enfant. Pourtant le parent seul devrait vraiment faire un effort pour ne pas agir ainsi et plutôt se réjouir de toutes les chances que l'enfant a. Il pourrait exploiter cette situation pour élever à ses yeux son père (ou sa mère) — ce qui ne peut jamais nuire — et dire quelque chose de semblable: « Tu as de la chance d'avoir un père qui peut faire tant de choses avec toi. » De toutes façons, les statistiques et les études nous révèlent que les fins de semaine de rêve ne durent pas très longtemps. Il serait dommage et cruel d'en gâcher pour l'enfant le souvenir. Au contraire, il faudrait lui donner la joie additionnelle de pouvoir les raconter en détails et librement.

À la lecture de ces dernières lignes, le parent seul peut s'exclamer: « Comment puis-je rester doux et supporter toutes les horreurs que mon ex-conjoint dit sur mon compte à mon enfant? Que pensera mon enfant si je ne me défends pas? » La réponse à cette question en est une à long terme. En effet, au fur et à mesure que l'enfant grandit, il sera capable, facilement, de voir la différence entre un parent amer et vengeur et un parent affectueux qui a pardonné, et il s'attachera au meilleur des deux.

Permettez-moi encore de vous raconter une expérience personnelle. Alors que j'étais au collège au Tennessee, un pasteur local prit le temps de me parler de choses spirituelles. C'était un homme très bon et aimable avec une forte foi en Christ. Je n'étais pas chrétien à cette époque et c'est par politesse que je l'écoutais. À la même époque, un athée militant vint au collège que je fréquentais pour y donner une conférence. Excité de pouvoir entendre une personne de renom international, j'allais à une de ses conférences. Ce qu'il dit me renversa. Je n'avais jamais entendu dans toute ma vie tant d'aigreur sortir d'un seul cœur. Il était là, sur la scène de l'auditorium, condamnant et maudissant les églises, les prédicateurs et tout ce qui était en rapport avec Dieu. Vers la fin de son discours, je m'appuyai sur le dossier de mon siège et soudain je vis le pasteur qui m'avait parlé, debout contre le mur du fond de l'auditorium. C'était un homme immense, un de ces rudes montagnards du Tennessee, et pourtant en l'observant de plus près, je n'en pus croire mes yeux: il avait des larmes qui coulaient sur ses joues et il regardait ce conférencier athée non avec de l'amertume mais avec un regard dévoré de compassion.

Ce soir-là, assis dans ma chambre, je me mis à penser à ce contraste. Une personne avait volontairement et avec tout le mépris dont elle était capable, maudit tout ce qui était cher à cet homme, tout ce pour quoi il avait vécu jusqu'à ce jour. Malgré cela, il n'avait pas répondu à son mépris avec de la haine ou de la colère, mais avec de l'amour. Ce contraste si fort entre la haine et l'amour, m'amena à choisir pour qui et comment je voulais vivre. Je décidai de servir Christ et de devenir un chrétien.

Beaucoup de parents seuls peuvent se trouver dans une situation semblable. À cause de leur foi, de leur attitude ferme ou de leur décision d'éduquer leur enfant, ils peuvent être en butte au ridicule constant et incessant de leur ex-conjoint. L'enjeu de tout cela est que l'enfant puisse voir de ses propres yeux que toute cette critique ne provoque pas chez son parent une attitude semblable. Un jour, la différence sera tellement frappante que l'impact en sera puissant. Je n'ai jamais oublié comment ce pasteur a répondu aux moqueries de cet athée: avec pardon et amour. L'enfant devenu grand, n'oubliera pas non plus ce qu'il aura vu dans son foyer.

18

Réunir deux familles

Un jour, mon père nous a annoncé à mon frère et à moi, qu'après de nombreuses années de solitude, il allait se remarier. J'avais alors 16 ans et mon frère venait tout juste d'avoir 11 ans. Nous connaissions la dame en question car nous avions déjà passé du temps avec elle, mais vraiment ni mon frère ni moi-même n'avions jamais imaginé que mon père pourrait se remarier. Certes, longtemps après la mort de ma mère, il avait commencé à sortir avec une dame et il nous avait souvent emmené avec lui. C'était formidable pour nous tous, ces promenades faites ensemble. Par contre, j'eus beaucoup de difficultés à comprendre que cette femme deviendrait Mme Barnes et viendrait vivre avec nous. Cette nouvelle relation familiale nous inquiétait beaucoup mon frère et moi, et nous nous posions mille questions. Par contre, mon souci le plus grand, peu importe l'angle sous lequel j'envisageais le problème, était de savoir comment elle affecterait mon ancienne relation avec mon père. Oui, la grande question était de savoir s'il m'aimerait autant ou moins, une fois remarié.

Les enfants considèrent souvent l'amour comme un bien quantitatif et non qualitatif. Avec une telle perspective, il était normal que j'imagine que mon père n'avait qu'une certaine quantité d'amour dans son « réservoir » et qu'il faudrait alors qu'il m'en retire une certaine quantité pour pouvoir en donner à sa nouvelle femme!

Le concept de l'amour est très difficile à saisir, même pour un adulte. Alors pour un enfant qui lutte pour affirmer sa valeur propre et son droit à être aimé, cela peut être étourdissant! La réaction naturelle de l'enfant alors qu'un nouveau parent entre dans la maison, est tout simplement d'être jaloux. Je me rappelle fort bien avoir eu l'impression que ma belle-mère était entrée dans notre vie pour nous voler notre père.

Quelqu'un a dit que pour un enfant, le mot amour s'épelle T-E-M-P-S. Un parent peut dire tout ce qu'il veut, acheter tout ce qu'il peut pour essayer de prouver qu'il aime son enfant, celui-ci sait très bien, tout au fond de lui, que *si son parent est prêt à passer du temps avec lui*, alors il aura la preuve qu'il est aimé. Malheureusement, de tous les biens disponibles, le temps est le plus rare... Un parent peut toujours dire qu'il n'a pas assez d'argent pour faire une certaine chose mais il peut alors en emprunter ou acheter à crédit! Il n'en est pas ainsi du temps.

Le temps nous force à établir des priorités. Nous pouvons ne pas croire que les choses que nous faisons sont plus importantes que les choses que nous mettons de côté. Cependant, le fait que nous choisissions de faire ceci avant cela, indique que nous avons établi une priorité même si cela est contre notre volonté... Et ceux qui nous entourent, savent lire dans le choix de nos activités et la manière de passer notre temps, ce qui nous tient le plus à cœur.

L'enfant, tout particulièrement, mesure ainsi l'amour. Lorsqu'un de mes enfants me voit jouer avec un de ses frères ou sœurs, il se précipite vers nous comme s'il voulait, lui aussi, recevoir sa part de temps ou d'amour. Les enfants croient vraiment — mais ont-ils tort? — que l'on donne du temps à la chose ou à la personne que l'on aime le plus. Si l'enfant a déjà de la difficulté à retenir l'attention de son parent seul, il lui sera très facile de se mettre à penser qu'une fois qu'un nouveau conjoint entrera dans la maison, cela sera encore plus difficile. La peur de perdre l'amour d'un parent soulève dans le cœur de l'enfant une véritable crise. Le parent seul doit comprendre qu'il n'y a pas de remède instantané à ce problème pénible. Il peut toujours lui dire, par exemple: « Maintenant que je suis marié et qu'il y a deux parents pour diriger cette maison, cela va me permettre de passer plus de temps avec toi, mon fils. » Il peut aussi rassurer son enfant en lui répétant: « Auparavant j'étais tellement seul et tellement triste. Maintenant que je suis remarié, je suis beaucoup plus heureux. Cela va me permettre de m'occuper mieux de toi, ma chérie. » Naturellement, tout cela peut être vrai, mais pour le moment, l'enfant voit une nouvelle personne dans la maison, parfois même une nouvelle famille entière, et c'est clair pour lui, cela veut dire qu'il va devoir partager son parent.

Cette anxiété ne se guérira que dans la mesure où son parent la comprendra. Après une certaine période de temps qui permettra à l'enfant de s'ajuster à sa nouvelle vie, il réalisera certainement qu'il n'a pas perdu une maman (ou un papa) mais qu'il a gagné un papa (ou une maman). Il faut que l'enfant possède tôt ou tard une réponse concrète à sa question: « Suis-je gagnant ou perdant dans cette situation? »

Qui s'est marié dans cette histoire?

Récemment, je parlais avec un adolescent d'une famille nouvellement fusionnée et je l'ai entendu dire à plusieurs reprises, « le mari de ma mère ». Je lui demandai alors, qu'est-ce que le mari de sa mère était pour lui. Ce garçon fut incapable de me le dire. Il n'arrivait pas à exprimer quels étaient les liens qui les unissaient maintenant. Lorsque je le vis ainsi à court, je lui lançai: « Mais comment l'appelles-tu quand tu lui parles? » Sa réponse révéla combien son dilemme était problématique: « Je ne lui donne aucun nom. Si je n'ai pas son attention, j'attends jusqu'à ce qu'il me regarde. »

Cela me rappelle deux situations similaires survenues dans ma propre vie. La plus récente a eu lieu lorsque j'ai visité pour la première fois mes beaux-parents après mon mariage. Je savais bien que le fait d'être marié nous avait fait entrer, ma femme et moi, dans la même famille; mais je ne savais vraiment pas comment cela affecterait mes relations avec ses parents. Je me demandais sérieusement comment je devrais appeler son père. Quel titre lui donner? Comment l'interpeler? Je n'étais pas vraiment son fils et l'appeler « Papa » pourrait constituer un crime de lèse-majesté. Il m'a fallu dix ans pour obtenir finalement le courage, après avoir systématiquement pendant toutes ces années évité de le nommer d'une façon quelconque, de l'appeler « Papa ». Les premières fois furent extrêmement pénibles, mais n'ayant pas vu ni senti d'objections, j'ai continué jusqu'à ce que cela devienne naturel. Beaucoup de beaux-fils contournent la situation en attendant, pour s'en occuper, qu'ils aient des enfants. Alors ils se mettent à dire en parlant de leur beau-père, « Grand-papa ».

L'autre situation de ce genre est survenue lorsque mon père s'est remarié. Je savais bien que cette femme avait épousé mon père, mais nous avait-elle épousé nous aussi? Faisions-nous partie de la cérémonie? Malheureusement, ce sujet n'avait jamais été abordé et, pendant des années, j'appelais cette gentille dame par son prénom. Je me sentais ridicule en le faisant car, à cette époque, je ne connaissais aucun autre adulte que je nommais par son prénom. La rentrée de cette dame dans notre foyer n'avait pas été suffisante pour créer des liens authentiques.

Il existe un phénomène étrange qui se reproduit la plupart du temps quand deux familles se fusionnent. Les parents se marient d'abord, puis les deux groupes déménagent dans la même maison. À partir de ce moment-là, jusqu'à la première crise, il n'y a pas ou très peu de communication. Tout le monde y va à tatons, pensant que l'autre sait, comprend ou est au courant. Il faut alors que survienne une crise pour qu'on se mette à parler enfin.

Pour faire les premiers pas vers une fusion heureuse, il faut commencer par ouvrir grandes les voies de communication entre les deux nouveaux parents. Chaque adulte doit savoir exactement ce que l'autre adulte considère comme étant la relation prioritaire de cette nouvelle famille. Le mari et la femme doivent se rassurer l'un l'autre en affirmant qu'ils cherchent vraiment à devenir un, car la relation première dans toute famille doit être l'union conjugale. Ce n'est que dans la mesure où les deux nouveaux parents auront une bonne entente et une communication ouverte, qu'ils pourront accomplir avec efficacité leur plus important ministère: l'éducation de leurs enfants.

Des parents qui savent communiquer devront se donner officiellement le droit d'être les parents de chacun de leurs enfants réciproques. Il est extrêmement important et indispensable que chaque parent sache que l'autre parent s'attend à ce qu'il se mêle de la discipline, de l'éducation et de la vie de ses enfants. Il faut aussi qu'ils établissent un protocole pour qu'ensemble ils puissent offrir un front uni pour répondre aux besoins de leurs enfants. Il est vital qu'ils puissent l'un et l'autre être ouverts et francs et se dire sans ambage leurs sentiments au sujet de la manière dont les enfants semblent réagir à leur gouvernement. Voici un exemple de conversation qui peut faire beaucoup pour soulager certaines anxiétés.

La mère: — Il me semble que tu agis avec beaucoup de froideur avec Paul depuis quelque temps.

Le beau-père: — Je voudrais bien te dire que ce n'est pas vrai, mais c'est malheureusement le cas. Il me semble que Paul ne cesse de créer des problèmes pour creuser un fossé entre nous.

La mère: — Je n'ai pas vu cela sous cet angle, mais tu as peut-être raison. Je sais une chose, c'est que cela n'arrivera pas si nous ne le laissons pas faire. Aussi longtemps que nous pourrons être francs toi et moi, nous pourrons montrer à Paul que nous allons rester une famille pour toujours.

Il est très important pour une famille nouvellement fusionnée, de tenir des réunions de conseil hebdomadaires, afin que la liste des problèmes ne devienne pas insurmontable. Il faut absolument discuter immédiatement des difficultés qui surviennent entre le beau-parent et l'enfant pour éviter à tout prix qu'elles ne viennent affecter la relation matrimoniale.

Chaque parent devrait également être prêt à réprimer son envie d'intervenir entre le beau-parent et son enfant au cours de discussions ou d'actions disciplinaires. Il faut que le parent offre au nouveau parent un support silencieux. Cela est crucial. Un parent seul peut avoir passé des années à être le seul protecteur de son enfant. Une mère seule, tout particulièrement, peut avoir surprotégé son enfant. Lorsqu'elle se remarie et que l'enfant décide de tester son nouveau mari, tout le monde se retrouve dans un dilemme de priorités. L'enfant se demande si ce nouvel homme est sérieux et s'il va vraiment faire ce qu'il a dit qu'il ferait. Le beau-père se demande si sa nouvelle femme est sérieuse lorsqu'elle lui dit qu'elle veut qu'il devienne un véritable père pour son enfant: Prendra-t-elle inconditionnellement son côté ou va-t-elle persévérer dans son rôle de protectrice et se placer entre lui et son enfant?

C'est cependant l'ancien parent seul qui doit prendre la décision la plus difficile et pourtant la plus significative. Il devra résoudre ces questions: « Mon mari (ou ma femme) est-il (ou elle) trop dur(e) alors qu'il (ou elle) fait ses premières tentatives pour agir en parent responsable envers mon enfant? Comment mon fils ou ma fille vont-ils réagir si je ne viens pas à leur secours cette fois-ci? Comprendront-ils que c'est parce que je les aime que je n'interviens pas? » Par contre, la question la plus sérieuse est celle-ci: « Que puis-je faire pour agir de manière à ce que la relation entre mon enfant et mon nouveau conjoint soit la meilleure possible? »

En effet, si l'ex-parent, selon les statistiques 8 fois sur 10 une femme, vient au secours de son enfant au cours d'une réprimande de la part de son nouveau conjoint, cet homme sera forcé d'adopter l'une de deux attitudes suivantes:

— ou il décidera que cela ne vaut vraiment pas la peine. Pourquoi chercher à corriger un enfant si tout ce qu'il va gagner avec cela c'est de perdre la bataille — son moi a déjà été certainement suffisamment humilié — et de risquer une dispute avec sa nouvelle femme? Cela lui rappellera probablement beaucoup trop de mauvais souvenirs et très rapidement, il évitera tout simplement ses responsabilités de père. Or ce qui rend le plus une femme hors d'elle-même et angoissée, c'est d'avoir un homme sur lequel elle ne peut pas compter...

— ou encore, il se mettra à forcer la dose. Comme chaque fois qu'il prend en main l'enfant de sa nouvelle femme, elle intervient anxieuse et agressive, il va se mettre à lui infliger des punitions de plus en plus sévères. Comme la mère ne cesse de protéger son enfant et de le faire échapper aux punitions, frustré l'homme va utiliser des châtiments de plus en plus durs. Tout cela n'a rien à faire avec l'enfant qui, une fois de plus, devient la malheureuse victime d'un adulte qui ne comprend pas son rôle et d'un autre adulte qui n'arrive pas à l'exercer. Bientôt chaque parent fait de l'enfant la cible de ses frustrations profondes et la crise est inévitable.

Comprenez-vous combien il est alors important de communiquer sur une base régulière? Il faut que les nouveaux parents *parlent* et expriment leurs craintes au sujet de leur façon réciproque d'agir avec le ou les enfants. Il faut plus que jamais éviter les disputes devant l'enfant. Si celui-ci entend ses nouveaux parents se disputer à son sujet, son vieux sentiment destructeur d'avoir été la cause du premier divorce va renaître avec force et il se dira avec dépit et fatalisme: « Regarde ce qui arrive! Je suis en train de briser un autre mariage. » Il ne faut pas que cela en vienne là. Les nouveaux parents ont le devoir de prendre le temps de se parler et d'intégrer l'enfant à leur vie à tous les deux. Le manque de communication au sein d'une famille constitue un crime contre l'humanité.

Conseils de famille

Ça suffit! Il faut que les deux nouveaux parents mettent cartes sur table et qu'officiellement ils se donnent la permission d'agir avec l'enfant comme un vrai père et comme une vraie mère. Il faut aussi qu'ils annoncent à l'enfant leur décision réciproque et lui fassent bien comprendre que dorénavant il en sera toujours ainsi. Si vous désirez un modèle de conversation sur ce sujet, en voici un:

La maman: — Thomas et moi avons décidé de consacrer cette soirée à une discussion avec toi au sujet de notre nouvelle famille.

Pierrot: — De quoi allons-nous parler, Maman?

La maman: — Nous voulons ce soir te faire comprendre quel est le rôle de chacun de nous depuis que nos deux familles se sont fusionnées. Thomas va être dorénavant le père de notre foyer et cela veut dire que nous allons accepter et respecter ses directives. Je lui ai demandé de traiter tous les enfants de cette maison de la même manière. Pierrot, cela veut dire qu'il va t'aimer et t'éduquer, et donc te corriger, exactement comme il le fait avec Florence et Luc.

Thomas: — Pierrot, je ne suis pas ici pour essayer de te faire oublier ton père. Tu ne devrais jamais l'oublier. Je suis ici parce que j'aime ta maman et que lorsque je l'ai épousée, eh! bien, je t'ai épousé toi aussi. Je suis très heureux de t'avoir comme nouveau fils et je veux essayer de t'aider comme si je t'avais toujours connu. Bien sûr, je vais faire des erreurs et je veux que tu viennes me dire quand tu penses que je suis injuste. Rappelle-toi qu'aimer quelqu'un cela veut dire l'aider à devenir la meilleure personne qu'il puisse être. Nous allons essayé de nous entraider à ce sujet. As-tu quelque chose à me demander?

Pierrot: — Euh! comment veux-tu que je t'appelle? Avant que Maman et toi soyez mariés, je t'appelais Tonton Thomas, mais maintenant ça fait bizarre.

Thomas: — C'est à toi de décider. Si tu le désires, je serais heureux que tu m'appelles papa. Je sais que je ne suis pas ton père, alors cela sera peut-être dur au début. Si tu préfères, tu peux m'appeler Thomas.

Pierrot: — Maman, que dois-je faire?

La maman: — C'est comme tu veux. Si tu appelles Thomas papa, cela ne veut pas dire que tu renies ton vrai père. Cela voudra dire que tu es plutôt chanceux d'avoir deux pères. Tu pourrais dire: Papa Thomas. »

Il faut que ces réunions de famille enseignent aux enfants à exprimer leurs sentiments véritables avec honnêteté. Pour diverses raisons, beaucoup d'enfants de foyers monoparentaux cachent et refoulent leurs sentiments profonds. Une d'entre elles, est qu'auparavant, chaque fois qu'ils ouvraient la bouche pour dire ce qu'ils pensaient, leurs parents qui les avaient à charge, se mettaient en colère. Un enfant dans une famille nouvellement fusionnée doit comprendre que les choses ont changé, sinon à quoi bon? L'exemple de son nouveau père (ou de sa nouvelle mère) qui parle ouvertement et dit carrément ce qu'il (ou elle) pense, est un puissant encouragement dans ce sens. Cependant, je le répète, communiquer est une activité humaine indispensable à la survie et à la décence de notre race, mais elle n'est pas spontanée, et même, depuis que la télévision est devenue le nouveau veau d'or d'une génération angoissée, elle a été presque totalement inhibée. Il faut maintenant qu'on a goûté aux conséquences cruelles qui poussent en son absence, la provoquer, l'inscrire au programme et y tenir religieusement, je veux dire régulièrement, hebdomadairement.

Donc au cours de ces conseils de famille, l'enfant pourra être exposé au fonctionnement de son nouveau foyer et apprendre qui est en charge. Une fois que l'enfant aura entendu cela, il voudra évidemment, comme tout enfant normal, l'expérimenter, le tester. Il provoquera une situation qui devra le convaincre que ce qui a été dit, est bien vrai: Maman laisse Papa être le patron. Si les nouveaux parents passent avec succès le test de l'enfant, il faudra qu'ils sachent l'un et l'autre *s'encourager*. Voici comment:

La maman: — Merci d'avoir pris en main Pierrot, ce matin. Tu t'en es bien tiré. Ça m'a fait du bien de te voir le corriger puis de le consoler plus tard dans la journée.

Le beau-père: — Merci de me le dire. J'étais un peu mal à l'aise de reprendre Pierrot en ta présence. Il ne cessait de regarder vers toi pour te lancer de pitoyables appels au secours. J'ai apprécié que tu ne t'en mêles pas.

De l'encouragement! Voilà l'ingrédient qui, mélangé à la communication, fait des miracles. Le nouveau père (ou la nouvelle mère) en a absolument besoin car alors qu'il (ou elle) s'occupe du ou des enfants de son conjoint, il (ou elle) sait très bien que l'enjeu de chacun de ses gestes est grand. Oui, toute l'estime que peut lui porter son nouveau conjoint est sur la balance: L'approuvera-t-il ou non? L'amour, la communication et l'encouragement permettront aux deux adultes d'acquérir de l'assurance dans leur nouveau rôle.

Les membres d'une famille nouvellement fusionnée passeront pas mal de temps à apprendre à se comprendre et à s'ajuster les uns aux autres. Cela peut être très stressant et il faudrait alors qu'elle commence aussitôt que possible à avoir du plaisir et à mettre sur pied ses propres traditions. Une famille, c'est une famille! Elle peut commencer par une soirée de jeux où chacun à son tour est responsable du choix des activités, où les plus jeunes préparent les rafraîchissements et où les parents séparément, passeront du temps avec chaque enfant. Ces activités marquées par la bonne humeur et la détente aideront la famille à s'apprécier et à mieux se connaître.

La recherche de l'unité au sein d'une famille est une bénédiction pour chacun de ses membres qui a suffisamment souffert jusqu'à présent. Certes, cela exige du temps et de la bonne volonté. Les erreurs du passé ne doivent pas se répéter. Peu à peu deux familles n'en feront qu'une et la vie de chacun sera enrichie pour cela. Par contre, rien n'est automatique: Ni l'amour, ni l'obéissance aux règles. C'est pourquoi il faut parler, parler et parler encore afin que tous comprennent leur rôle, leurs devoirs, leurs responsabilités, leurs privilèges. La règle fondamentale du succès et de la force d'une famille, comme d'ailleurs de n'importe quelle entreprise ou gouvernement, réside cependant, par dessus-tout, dans l'autorité et le respect de son chef.

19

L'enfant rebelle

Je travaille dans une institution pour adolescents qui ont refusé l'autorité de leur propre foyer, et il m'arrive fréquemment d'avoir à conseiller des parents seuls qui ont investi énormément d'efforts dans leur tâche d'éducateurs. Plusieurs de ces parents seuls, des femmes principalement, se sont occupés assidûment de leurs enfants dès leur plus jeune âge et ils ont tout fait en leur pouvoir pour leur communiquer une saine philosophie de vie. Pourtant, malgré un environnement à première vue correct, il y a, oui, c'est vrai, des enfants qui restent rebelles.

Pour diverses raisons, certains enfants ne cessent pas de défier l'autorité des meilleurs foyers. Il semble que peu importe l'amour et l'équilibre qui règnent dans certaines familles, ces enfants ont un comportement qui sans arrêt blesse et déchire le cœur de leurs parents.

Le parent épuisé se pose alors cette question: « À quoi bon continuer à éduquer et à reprendre cet enfant, puisqu'il refuse tout. Que me reste-t-il encore à faire? » Permettez-moi de vous suggérer, avant d'abandonner, de rechercher l'aide et le conseil d'un bon pédiatre. Alors que vous prenez un rendez-vous, demandez à lui parler personnellement avant la visite de l'enfant. Mettez-le au courant de ses problèmes caractériels et de comportement. On sait aujourd'hui que de nombreux troubles du comportement sont en fait des problèmes nutritionnels. Il serait bon aussi, de faire passer à l'enfant un examen physique complet.

Il y a plusieurs années, j'ai envoyé un grand adolescent chez le médecin. Il avait de terribles sautes d'humeur et par moments, son comportement était totalement désordonné. Il était constamment déprimé. On ne trouva tout d'abord rien d'anormal chez ce jeune adulte, mais en insistant pour que ce médecin poursuive les tests, après la troisième série de tests, il a découvert qu'il faisait de l'hypoglycémie. On référa alors l'enfant à un endocrinologue qui lui a enseigné à se nourrir et à vivre selon ses besoins: L'enfant se mit à boire huit verres d'eau par jour plutôt que du lait qui est un aliment et non un liquide capable d'hydrater notre corps et de répondre à ses immenses besoins en eau; il se mit à manger du véritable pain complet avec son contenu total en fibres à la place des pâtisseries et des desserts qui formaient auparavant la base de son régime et il est devenu la nouvelle base de son alimentation quotidienne; il a inversé l'ordre de ses repas et il s'est mis à faire du petit déjeuner le repas le plus important de sa journée, consommant dès le matin 4 à 6 tranches de véritable pain complet; il s'est mis à marcher régulièrement à la place de regarder la télévision; il a appris que pour lui, le sucre et tous les produits qui en contenaient était une drogue qui lui faisait faire de très « mauvais voyages ».

Le changement dans le comportement et l'humeur de cet enfant a été dramatique. Au bout de quelques mois, il était à nouveau normal pour ne redevenir anormal que lorsqu'il trichait et mangeait des bonbons, des boissons douces ou du pain comportant de la farine blanche. Oui, devant un enfant au comportement difficile, il est important d'aller voir un médecin qui pensera à chercher s'il ne souffre pas d'hypoglycémie, d'intoxication aux métaux lourds (plomb, mercure, cadmium) ou d'allergies. Il y a en de multiples, la plus

répandue étant l'allergie aux produits laitiers. On considère cette allergie comme étant une cause courante
de mélancolie, et selon le Dr Alexander G. Schauss,
criminologiste américain célèbre, elle est une cause
fréquente de délinquence juvénile.

Les enfants qui semblent insensibles à tout amour
et à toute discipline, n'ont pas tous à la base, des problèmes organiques, quoique un bon régime équilibré et
sain améliore toujours l'état physique et mental d'un
enfant. Le parent seul doit alors, dans un deuxième
temps, chercher de l'aide émotionnelle pour son enfant
en consultant un conseiller ou un psychologue. Le
parent devrait cependant être très critique dans son
choix et exiger que ce thérapeute rencontre certains
critères précis. En effet le parent, même lorsqu'il cherche de l'aide professionnelle, reste le seul responsable
de son enfant et il doit veiller à ce que la personne
consultée se mette à son service et non le contraire.
Un conseiller est un employé du parent et ce dernier
doit pouvoir le questionner afin de connaître quelles
sont sa philosophie de vie et les méthodes de travail
qu'il emploie. L'idéal serait que le parent trouve un
conseiller qualifié et compétent qui possède les mêmes
croyances de base que lui. Il est aussi important que
ce professionnel soit prêt à travailler non seulement
avec l'enfant mais aussi avec sa famille, même si elle
est monoparentale. L'enfant sous traitement reste toujours, quand même, un membre d'une famille. De plus
l'enfant qui a des luttes émotionnelles, s'intègrera
mieux dans sa famille si celle-ci apprend à mieux le
recevoir et à l'accepter.

Je voudrais aussi vous dire qu'il est important de
choisir pour votre enfant un véritable professionnel,
un individu entraîné, éduqué et formé pour ce genre
de travail. Nous sommes à une époque où beaucoup
de gens, du jour au lendemain, n'ont aucune gêne à se
déclarer ceci ou cela. La personne choisie doit pouvoir
fournir de sérieuses références. Dans le cas contraire,
elle pourrait vraiment faire plus de tort que de bien.

Mais chercher et trouver de l'aide physique et
émotionnelle peut ne pas encore être la réponse tant

désirée aux besoins d'un enfant rebelle qui, malgré tout, continuera à rester insensible à l'autorité et à l'amour de son parent. Faut-il en rester là? On l'oublie souvent ou on n'y arrive qu'en dernier recours, mais il est une source d'aide inépuisable et toute-puissante: l'amour de Dieu pour l'enfant souffrant. Oui, Dieu aime nos enfants infiniment plus que nous pouvons les aimer. Il a à cœur leur bonheur et Il est prêt à les prendre en main. Le parent seul peut, même lorsque son enfant semble totalement perdu, continuer à lui manifester de l'amour et à s'en remettre à Dieu qui trouvera le chemin de son cœur. Dieu exauce les prières d'une mère en faveur de son enfant bien-aimé.

Une maman m'a récemment raconté son expérience: « À partir de 13 ans, Éric n'a pas cessé d'entrer et de sortir des maisons de détention. Lorsqu'il est finalement revenu à la maison, il a fait fugue sur fugue. Ma famille et mes amies me disaient sans cesse que ce garçon brisait mon cœur et elles me supplièrent finalement de l'oublier. Elles me dirent de ne plus le laisser revenir à la maison. C'est vrai qu'il brisait mon cœur, mais je l'aimais et je ne pouvais pas l'abandonner. Il ne me restait plus qu'à lui montrer que je l'aimais et à lui dire que je priais pour lui chaque jour. Éric a maintenant 17 ans. Il est de retour, et pour les quelques derniers mois, tout est allé bien. Je sais qu'il lui faudra encore beaucoup de temps pour qu'il s'épanouisse, mais j'ai acquis la conviction que Dieu exauce les prières. »

Tout le monde, d'une façon ou d'une autre, connaît l'histoire du fils prodigue. Il n'y a pas de récit qui a été si universellement raconté au point que l'expression « l'enfant prodigue » est entrée dans le langage courant de presque toutes les langues. On sait très bien qui est l'enfant prodigue, c'est cet enfant que l'on accueille avec joie à son retour au foyer qu'il avait abandonné depuis longtemps. Il est dommage cependant que l'allusion à la parabole évangélique s'arrête là. Voulez-vous qu'on aille plus loin?

Un homme, dit Jésus, avait élevé deux fils. Le plus jeune lui parla ainsi un jour: « Je veux ma part d'héritage tout de suite. Je n'ai pas le temps d'attendre que tu meurs. » Le père lui donna sa part et il regarda son fils quitter son foyer les mains pleines et le cœur sec. Bientôt ce fils arrivait en ville où il dépensa tout son bien dans une vie de dissipation et d'excès de toutes sortes. En réalité, ce fils se mit à vivre exactement comme il savait, depuis son enfance, qu'il ne fallait pas vivre. N'est-ce pas là un cas classique de rébellion?

Mais... un jour... alors qu'il touchait au fond de sa misère, il réalisa qu'il avait fait une terrible erreur et il s'écria : « Je vais retourner à la maison, je veux revoir mon père! Je lui avouerai que j'ai péché contre le ciel et contre lui, oui, tellement que je ne suis plus digne d'être appelé son fils. » Il faut croire que pour que cet enfant, cet homme maintenant, puisse en arriver à réaliser cela, il avait fallu qu'il ait reçu une éducation précise qui lui avait clairement montré le véritable sens du péché. Bien qu'auparavant il n'ait pas accepté l'enseignement spirituel qu'il avait reçu dans son foyer, il s'en rappelait encore les leçons. Il savait que la vie qu'il avait mené l'avait amené à désobéir à tous les commandements de Dieu que son père aimait, gardait et enseignait. Oui, ce fils avait reçu une éducation et parce qu'il avait entendu la loi, il pouvait reconnaître, maintenant qu'il était prêt à le faire, qu'il l'avait brisée. Qu'est-ce qui a alors suivi immédiatement? La repentance! « Je me lèverai, j'irai vers mon père et je lui dirai: J'ai péché... »

Cette histoire nous offre aussi le portrait unique d'un père tout à fait particulier, car il a pris à cœur l'éducation de son fils et il l'a si bien fait qu'il a pu, à travers toutes les années de son absence douloureuse, conserver la confiance absolue qu'un jour il reviendrait aux enseignements qu'il avait reçus de sa bouche dans son enfance et son adolescence. Oui, dès que le fils fut à l'horizon, son père le vit, il fut ému de compassion et il courut se jeter à son cou. Certes, ce père attendait son fils. Il ne l'avait jamais abandonné.

On peut se demander d'où ce père a pu tirer son assurance. Certainement, il croyait fermement en la puissance de l'éducation. Un jour, il en était sûr, son fils comprendrait combien il l'aimait... Mais ce père comptait aussi, surtout sur la promesse du Dieu qui affirme qu'Il ne ment pas: « Instruis l'enfant selon la voie qu'il doit suivre, et quand il sera vieux, il ne s'en détournera pas ». Il serrait cette parole dans son cœur et il la prenait à la lettre, telle quelle. Oui, il n'est pas dit ici que l'enfant acceptera l'enseignement alors qu'il est un adolescent. Il est dit: « quand il sera vieux... », plus vieux qu'un enfant, plus vieux qu'un adolescent. Et le père attendait, confiant. Il avait fait sa part. Il avait instruit, et il s'accrochait à cette parole de Dieu sachant qu'Il ramènerait Lui-même ce fils rebelle à la maison.

Par la grâce, le parent d'un enfant rebelle peut maintenir la même attitude. Il peut acquérir l'assurance que cet enfant au cœur si fermé, sera un jour brisé par l'amour et l'enseignement qu'il ne cesse de lui prodiguer. Élever un enfant seul peut souvent paraître une tâche insurmontable. Dieu qui n'a jamais voulu qu'une femme porte tout le poids de l'éducation d'un enfant, saura dans Sa miséricorde soutenir le parent seul qui cherche auprès de Lui le secours. Pères, vous pouvez faciliter cette tâche en n'abandonnant pas vos enfants. Divorcés, vous cessez d'être époux mais non pères... Mères, ne salissez pas devant vos enfants l'image de leur père. Par amour pour eux, respectez-la. Ils en ont absolument besoin pour devenir des adultes responsables dont vous pourrez être fières.

20

Plus un parent en crise

Lorsque je suis arrivé pour la première fois à Sheridan House, je passai quelque temps à parler avec mon prédécesseur pour recevoir des instructions et des renseignements sur mes devoirs et mes responsabilités en tant que directeur. Alors que je rentrais chez moi après cette conversation, je me sentis découragé. Les tâches quotidiennes semblaient être si nombreuses que je me demandais s'il y aurait suffisamment d'heures dans une journée pour que je puisse un peu penser à planifier l'avenir. Selon la description de mon travail que je venais de recevoir, il me semblait que je passerais tout mon temps libre à « éteindre des feux ».

J'avais vu juste. Au cours des six mois qui suivirent, je ne fis que passer d'une crise à une autre. À peine une était sous contrôle, qu'une autre éclatait. J'avais vraiment l'impression d'être un pompier appelé d'urgence et incapable de faire le moindre travail de prévention. Je commençai à me dire que j'étais incompétent ou bien que le travail était tout simplement impossible à faire.

Ces sentiments sont fréquents chez le parent seul. À la fin d'un séminaire sur le sujet de ce livre, l'un d'entre eux m'aborda et me dit: « Bon, j'ai compris que je dois éduquer mon enfant, j'en ressens le besoin et je vois comment je dois m'y prendre. Mais dites-moi, par où est-ce que je commence? » Ce parent seul se sentait tout à fait incompétent pour entreprendre la tâche qui se trouvait devant lui.

Il n'y a aucun doute, la responsabilité d'éduquer un enfant est une tâche terrifiante. Il n'y a probablement aucun parent qui puisse affirmer qu'il se sent parfaitement à l'aise dans ce rôle. Mais, c'est comme ça, qu'on le veuille ou non, être parent, c'est éduquer son enfant et cela est plus qu'une simple occupation, c'est un *devoir* qui doit devenir une priorité absolue dans la vie de tout parent.

Certes, cela prend du temps. C'est la plainte et l'excuse la plus courante. Il est facile de se cacher derrière cette phrase passe-partout: « Je n'ai pas le temps ». Le parent qui tient à s'y cacher, laisse les feux grossir et ses efforts sporadiques pour les éteindre quand ça sent trop le brûlé, n'arriveront pas à prévenir le désastre. Un jour, ayant totalement négligé son devoir, il n'aura pour enfant qu'une épave qui lui percera le cœur et transformera sa vie en cauchemar. Parent, acceptez, je vous prie, votre responsabilité. Bien sûr, vous ne pouvez pas tout dire, tout faire en une seule fois. Tout plan d'éducation sérieux, doit nécessairement être quotidien et s'échelonner sur de nombreuses années. Vous pouvez d'ailleurs tirer de cette réalité beaucoup de réconfort, car rien de durable ni de bon, ne s'est jamais construit en un jour sur cette terre. Pour ce que vous n'avez pas pu enseigner aujourd'hui, il y a encore demain et après-demain et après-après-demain... Vous comprenez?

Tiens, laissez-moi vous raconter à ce sujet une histoire. Il y a quelques années, j'ai décidé qu'il fallait absolument que je me mette en forme et que pour cela je devais faire de la course à pied. Maintenant que j'y repense, la véritable raison pour laquelle je voulais courir, c'est parce que c'était à la mode et je voulais être dans le vent. Avec une si mauvaise motivation, je commençai ma course le lendemain comme si j'étais un véritable coureur. Je me dis que faire 5 kilomètres, pour un coureur de mon calibre, était raisonnable, et je me levai à l'aube, plein d'excitation. Je mis mon costume aux couleurs bien harmonisées et je rejoignis les rangs des coureurs quotidiens.

Je partis comme un trait et au cours de mes premiers mètres, je me mis à rêver que bientôt je pourrais participer à un marathon. Allons, pensai-je, comment cela se fait-il que les gens disent que la course de fond est difficile? Comme les choses allaient, il ne me faudrait pas beaucoup de temps pour que je puisse courir sur un parcours de 40 km.

Je sortis de ma rue et j'arrivai sur la route principale. Je venais de faire un peu plus d'un demi kilomètre. Seulement? Était-ce possible? Je continuai parce que je me disais que maintenant j'étais un coureur. Plus tard — combien de temps après je ne pouvais plus l'estimer — je passai la marque qui m'indiquait que j'avais fait 1,5 km. Maintenant, je ne sentais plus mes pieds et je cherchais désespérément mon souffle. Mais j'avais décidé de continuer.

L'agonie dans laquelle je me suis trouvé au cours de mon deuxième et troisième kilomètres, força les gens qui me passaient en voiture, à se retourner et à me dévisager. Ils semblaient me demander: « Devons-nous nous arrêter et vous aider ou filer tout droit et chercher une équipe de secours? » J'ai dû me mettre à délirer à un moment donné, car je ne me souviens plus quand j'ai pris un raccourci pour revenir à la maison. Une demi-heure de course m'avait ramené dans ma rue. À ce moment-là, mon pas était plus lent que si j'avais été à quatre pattes et lorsque j'arrivai à mon portail, c'est exactement ce qui se passa. Je tombai sur mes mains et mes genoux et, juste au moment où un ami s'arrêtait en voiture pour me demander ce que je faisais, je me mis à vomir. À bout de souffle, hargneux, je lui répondis: « Je cours ».

Excusez-moi, mais cette histoire peu flatteuse pour moi, illustre comment *il ne faut pas* mettre en branle un programme destiné à transformer toute une vie. Non, tout ne peut pas se faire en un seul jour: Il faut y aller à petits pas, mais faire un engagement à long terme. Ce jour-là, je dus m'absenter de mon travail et apprendre d'un ami que les coureurs commencent à s'entraîner en courant d'un bloc d'habitations à un autre!

Être parent seul, prendre son rôle, sa charge et son devoir au sérieux, commence aussi avec un seul « bloc » à la fois. Le parent seul peut commencer par étudier quelle est la philosophie qui se vit dans son foyer, voir si Dieu est une de ses priorités et si prendre le temps de Le connaître et de Le louer par un moment passé à lire la Bible en famille, le matin, en est une autre. Puis, alors que toute la famille commence à faire des racines spirituelles, un autre « bloc » pourra s'ajouter: Le parent pourra ouvrir une discussion sur les règles qu'il voudrait établir et demander à son enfant d'exprimer son opinion à leur sujet. Cette simple requête amènera l'enfant à se sentir important, à avoir une meilleure image de lui-même et à apprendre à communiquer. Tout cela pourra prendre plus ou moins de temps pour se mettre en branle, mais ça n'arrivera jamais si le parent ne commence pas la course. Elle sera souvent longue et solitaire, mais il faut la commencer en mettant un pied devant l'autre, l'un après l'autre. Pour tous ceux qui sont prêts à ne pas avoir peur de l'effort, les résultats dépasseront grandement l'agonie du début.

Notre société, à travers les médias, hurle depuis quelques décennies un slogan aux oreilles des femmes, slogan qui leur promet l'entrée dans une sphère nouvelle et fascinante: « Prenez soin de vous! Occupez-vous de vous! Préoccupez-vous de vous! Gâtez-vous! Réalisez-vous! Pensez à vous! Cessez de vous sacrifier pour vos enfants et votre mari! » Alors que des millions de femmes, d'enfants et d'hommes ont été mortellement empoisonnés par ces paroles délirantes, notre société profondément ébranlée et chancelante comme un homme ivre, cherche à revenir aux valeurs traditionnelles du mariage et de la famille. Mais la vague a

été forte et le parent seul peut avoir beaucoup de difficultés à lui résister. Il lui faudra de la force et du
courage pour se consacrer à l'éducation de ses enfants.
Puisse-t-il découvrir et ne pas oublier qu'il peut compter sur Dieu qui lui a demandé d'instruire ses enfants.
Or Dieu demandera-t-Il quelque chose sans aussi fournir les moyens de l'accomplir?

Le voyage au désert se termine le jour où, les yeux
fixés sur son devoir, le parent seul décide d'être un
parent, un éducateur véritable. Vos enfants ne vous
diront peut-être pas merci et vous serez plus d'une fois
découragé, mais puissent alors vos yeux voir plus haut,
plus loin et vos oreilles entendre: « il ne s'en détournera pas... ».

Dans la même collection

Campbell R., *Comment vraiment aimer votre enfant*, Orion.

Campbell R., *L'adolescent, le défi de l'amour inconditionnel*, Orion.

Campbell R., *Votre enfant et les drogues*, Orion.

Starenkyj D., *Le bébé et sa nutrition*, Orion.

Starenkyj D., *L'enfant et sa nutrition*, Orion.

Starenkyj D., *L'adolescent et sa nutrition*, Orion.

Table des matières

MARQUIS
Montmagny, Qc
février 1994